나는 이 커뮤니티로

# 연봉 1억이 되었다

박소정, 박서인 지음

RISE

## 추천사

'경제적 자유'란 쉽게 꺼낼 수 있는 말도, 내 삶에 적용하기도 쉽지 않은 말이다. 자유에는 책임이 따르듯 나의 행동에 따라오는 결과는 겸허히 받아들여야 한다. 오늘날의 자본주의 사회는 인간의 욕망과 더불어 저마다의 '기준'을 만들어왔으며, 그것은 외모지상주의와 물질만능주의 등 우리가 한 번쯤 들어봤던 문화를 만드는 데 기여했다.

온라인이나 현실 세상에서 어떻게 묘사되고 우리 일상에 적용되는지는 이 책을 펼쳐보는 독자님은 알 것이다. 돈이 없으면 자신의 자존감이 떨어지고, 남과 비교하게 되며, 결제할 때 가격표부터 보게 된다. 가정의 불화 원인이 될 수 있으며, 이혼 사유가 될 수도 있다. 나의 자녀가 학교에서 차별당할 수 있고, 아이는 또래 친구를 보며 부러워하거나 가질 필요 없는 열등감이 생길 수 있다.

이걸 어떻게 알 수 있을까? 난 결혼하지도, 자녀를 두지도 않았다. 간단하다. 우리 집안이 그랬고, 내가 10대 때 뼈저리게 겪었던 일이다. 이 때문에 난 자본주의 사회에서 말하는 돈의 가치와 무서움에 대해 알고 있다. 그 무게를 알기 때문에 경제적 자유라는 말이 내 입에서 쉽게 떨어지지 않는 것이다.

이 책은 자신이 책임져야 할 무언가가 있는 사람이 펼칠 것이다. 누군가의 엄마나 아빠, 아니면 집안이 가난했기에 자수성가를 꿈꾸는 사람도 있을 것이다. 여러 가지 이유와 고민, 그리고 의문을 품고 이 책을 펼쳤을 것이다.

내가 출판사 대표로서 분명하게 말할 수 있다. 이 책은 무언가를 책임져야 하는 가정이 있는 사람이라면, 그리고 자본주의 사회에서 살아남아 잘 살고 싶은 소망이 있는 사람이라면 책의 가치, 그 이상의 인사이트를 얻을 것이다.

나는 박소정 작가와의 첫 만남 때 그녀의 눈빛과 목소리 톤, 그리고 결과를 봤을 때 바로 알 수 있었다. 이 저자가 쓰는 책은 세상이 강요하는 가치가 아니라 자신에게 진정 의미 있는 성공과 행복을 찾는 방법을 진솔하게 담아낼 것이라는 확신이 있었다.

온라인 수익화, 부업에 대해 관심 많은 사람이 많다. 하지만 여기서 착각하지 말아야 할 것은 절대 쉬운 길은 없다는 점이다. 도파민을 자극하는 숏폼과 자극적인 카피라이팅이 많이 보이지만, 거기서 정작 내가 얻은 것은 무엇이었는지 되돌아보라. 결과는 정직하다. 노력한다고 누구나 좋은 성과를 만드는 것도 아니다.

이 책은 뜬구름 잡는 동기부여로 분량을 채우지 않았다. 오히려 책에 담긴 노하우를 보며 독자 여러분은 박소정, 박서인 두 저자의 더욱 자세한 스토리가 궁금해질 것이다. 왜 그럴까? 많은 사람이 진심과 진정성에 대해 강조하지만, 그걸 말로 풀어서 설명하는 것과 실천하는 것은 아예 차원이 다르다.

두 저자의 진심은 독자님들이 바로 따라 할 수 있는 실전 로드맵을 이 책에 아낌없이 담았다는 점에서 알 수 있다. 유료 강의를 결제해야만 알 수 있는 게 아니라, 이 책 하나만으로 독자님은 온라인 세상에서 말하는 수익화에 도전할 수 있고, 현실로 만들 수 있다. 이 책을 끝까지 읽고 덮을 때쯤이면 이런 사실을 알게 될 것이다. 그리고 '아, 정말 나도 가능한 일이었구나' 하면서 자신도 모르게 실천하고 있는 모습을 발견할 것이다.

**손힘찬**(오가타 마리토) **작가, 뉴미디어 콘텐츠 디렉터**

저자는 돈과 시간으로부터 자유로운 사람이다. 하지만 과거에는 그 누구보다 가난했다. 결혼과 육아를 하며 부동산 투자에 뛰어들어 성과를 냈지만, 호기롭게 뛰어든 식당 창업에 실패하며 좌절도 겪었다. 하지만 실의에 빠지지 않고, 그 경험을 SNS로 나누며 비슷한 상황에 처한 분들에게 큰 힘과 용기를 주고 있다.

이 책은 무자본으로 어디에서든 모바일이나 노트북만 있으면, '가장 빠르게, 가장 확실하게, 가장 리스크 없이' 부업으로 월급 이상의 돈을 벌면서 사업이 될 수 있는 방법을 소개한다. 이 책을 읽은 분들은 '나는 할 수 없어'가 아닌 '나도 할 수 있겠다'라는 공감은 물론 저자가 이루어 내고 있는 성공의 과정을 통해서 '이다음은 나의 성공'이라고 느끼며 실행할 수 있을 것이다.

**유근용 작가, 《나의 하루는 세 번 시작된다》 저자**

매일 '꾸준함의 기적'을 실제 삶에서 직접 몸소 보여주는 저자를 통해서 평범한 사람이 어떻게 성공할 수 있는지, 어떻게 어려운 과정을 늘 극복하며 해내는지를 알 수 있다. 자신의 삶에서 희망과 용기가 필요한 분들은 커다란 인사이트를 얻게 될 것이다. 인공지능(AI)이나 기계가 대체할 수 없는 커뮤니티 속에서 함께 나누고, 성장하는 과정에서 이루어가는 성공의 노하우를 이 책을 통해 배울 수 있다.

**성정길 작가, 《나는 공부로 부자가 되었다》 저자**

## 부와 성공으로 이끄는 한마디

$

세상에서 가치 있는 것을 하나 든다면
바로 '행동하는 영혼'이다.
영혼이 담긴 노력은 나를 배신하지 않으며,
무한한 잠재력을 일깨워 내 삶을 변화시킨다.
성공을 꿈꾸지만, 많은 사람이 실패하는 이유는
작은 노력도 꾸준히 하지 않기 때문이다.
노력 없이 재능만으로는 성공하기 어렵다.
오늘 나의 작은 노력이 모여서
내일의 큰 성공으로 이어질 것이다.

_박소정 작가

# 프롤로그

나는 '방구석 사업가'이자 '방구석 강사'이다. 주로 집에서 컴퓨터로 콘텐츠를 제작하는 일을 하고 있으며, 온라인 줌(Zoom) 강의를 통해서 많은 사람을 가르친다. 내가 정한 시간과 공간에서, 내가 원하는 사람들을 만나서 나의 경험과 지식을 나눈다. 이것을 콘텐츠로 제작하여 사람들이 구매하면 수익이 창출된다. 또한 여러 개의 네이버 카페를 운영하면서 일하지 않아도 매달 제휴 수익이 발생하는 '온라인 건물'을 만들었다.

나는 지금까지 내가 하고 싶은 것과 이루고 싶은 것은 모두 실행하며 살았다. 설사 그것이 잘못된 꿈이라 할지라도. 나 역시 처음부터 지식창업과 콘텐츠 비즈니스 일을 한 것은 아니었다. 과거에 4억이라는 투자금을 날린 뼈아픈 실패를 겪었고, 이를 계기로 '피봇팅(Pivoting)'을 하게 되었다.

내가 한 사업 중에 두 가지를 소개하겠다. 먼저 '쇼핑몰'을 운영한 적이 있다. 2006년에 사업을 시작해서 2022년에 완전히 정리했으니, 17년간 쇼핑몰을 운영했다. 이때 블로그 마케팅으로 큰 광고비를 들이지 않고도 안정적인 수입을 창출했다.

그러다 보니 스스로 마케팅을 잘한다는 자만심에 차 있었다. 게다가 날마다 하는 택배 포장과 발송, 고객과의 전화 등으로 바쁜 일상이 지겨웠다. 결국 쇼핑몰 사업의 매너리즘에 빠져 다른 일을 하고 싶었다.

그때 시작한 사업이 '디저트 카페'였다. 카페를 운영하는 건 잊고 있었던 나의 꿈이기도 했다. 아마 여자라면 이런 로망을 하나쯤은 갖고 있을 것이다. 그러나 결과적으로 '디저트 카페'는 잘못된 꿈이었다.

멋진 인테리어의 카페에서, 분위기 있는 음악을 들으며, 조용히 책을 읽고, 카페 업무는 직원과 아르바이트를 고용해서 풀오토(Full Auto)로 운영한다. 나는 마감 보고를 받고, 가끔 카페에 들려서 운영을 점검한다. 쇼핑몰 사업에서 적용했던 마케팅을 통해 손님들을 끌어오는 것은 어렵지 않을 것이다.

이 얼마나 완벽한 꿈이던가? 하지만 이 꿈에서 깨어나는 건 한 달도 채 걸리지 않았다. 내가 생각한 카페 운영과 현실은 180도 달랐다. 비싼 임대료와 관리비, 속 썩이는 직원과 구인난, 유통기한이 있는 디저트들, 애매한 상권, 프랜차이즈 본사와의 갈등 등 한두 가지 문제가 아니었다.

'내가 생각했던 것과 달라. 이건 아닌가 봐'라 깨닫고 디저트 카페를 정리하겠다고 마음먹었지만, 그 정리조차 쉽지 않았다. 결국 디저트 카페는 1년 6개월 만에 투자금 3억 원, 운영자금 1억 원, 총 4억 원을 날리고 폐업했다.

혹시라도 매장 창업을 꿈꾸고 계신 분들이 있다면, 정말 신중하게 천번 만번 생각하고 결정하라. 또는 본인(사장)이 직접 아르바이트라도 경험하고 창업하기를 바란다.

나는 하고 싶은 건 꼭 해봐야 직성이 풀리는 성격이다. 많은 돈이 들어가지 않으면 곧장 실행에 옮긴다. 쇼핑몰과 카페 사업 외에도 여러 가지 온라인, 오프라인 비즈니스를 시도했다. 그중에 접은 사업도 여러 개다. 그러나 이 모든 경험을 통해서 오늘날의 내가 있는 것이다.

지금은 내가 겪은 성공과 실패의 경험을 사람들에게 나눠주면서 수익을 창출하고 있다. 돈 들이지 않는 무자본 창업, 지식창업에 대한 노하우가 나의 비즈니스 모델이다.

17년 전, 내가 쇼핑몰을 운영할 때 달성한 하루 최고 매출은 2천5백만 원, 평균 2백만 원 정도를 올렸다. 지금이야 '하루 천만 원, 억대 매출'이란 말이 흔하지만, 당시만 해도 쇼핑몰 매출로는 괜찮은 편이었다.

쇼핑몰을 운영해 본 사람은 알 것이다. 스마트 스토어로 돈을 번다고 해서 시작했지만, 대부분 본인 월급 가져가기도 빠듯한 현실이다(돈 잘 버는 몇몇 사람들이 하는 광고에 쉽게 현혹되지 말라). 쇼핑몰 사업을 어느 정도 규모 있게 키우고, 안정된 수익을 창출하려면 갖춰야 할 것이 있다. 직원도 있어야 하고, 창고도 필요하며, 창고 재고도 깔아야 한다.

나는 많을 때는 3억 원 정도 재고를 깔고 있었다. 그래서 돈을 벌기는 하는데, 즉 부족함 없이 풍족하게 살아가는 것 같은데도 계속 돈에 쪼들렸다.

사업하시는 분들이라면 대부분 이런 경험이 있을 것이다. 매일 통장에 돈이 들어와도 나갈 것이 많아서 통장 잔액은 바닥인 것을. 상품을 판매해서 얻게 된 수익은 재고로 깔고 앉아 있는 것이다. 계산상으로는(장부상으로는) 플러스 수익이지만, 현실은 마이너스 수익이다.

'성공은 99%의 실패와 1%의 열정으로 이루어진다'라는 말이 있다. 이처럼 성공을 이루기 위해 실패를 받아들이되, 실패로부터 배움을 얻으면 성장할 수 있다고 나는 믿는다.

실제로 쇼핑몰 사업을 통해서 재고를 깔고 하는 장사를

하면 안 된다는 배움을 얻었다. 카페 사업을 통해서는 섣불리 매장을 창업하면 안 된다는 것과 임대료, 관리비, 인건비, 유통기한 있는 상품이 있는 사업을 해서는 안 된다는 것도 배웠다. 카페를 폐업하며 날린 4억의 투자금. 나는 그것을 비싼 수업료를 치렀다고 생각한다.

나는 실패를 딛고 일어서기 위해 무자본 지식창업을 했다. 나의 경험과 지식이 콘텐츠가 된다는 걸 알고 사람들을 모았다. 내 콘텐츠를 나누면서 브랜딩이 되었고, 사람들 스스로 찾아오는 마케팅 퍼널을 만들게 되었다. 그중 핵심적인 것이 '전자책', '브랜딩블로그', '오픈채팅방'이다.

그리고 쇼핑몰 사업을 통해서 내가 꿈꾸던 건물주가 되었다. 지방의 창고형 매장이지만, 지금은 그 건물로 매달 수백만 원의 임대료를 받고 있다. '온라인 + 오프라인' 건물주로서 이상적인 수익 파이프라인(Passive Income)을 갖추게 된 것이다.

그렇다면 집안 살림과 육아로 바쁜 엄마들도 지금 시작해서 돈을 벌 수 있을까? 원하는 목표를 이룰 수 있을까? 내 대답은 '가능하다'이다. 나 역시 아이를 돌보는 엄마임에도 불구하고 월 천만 원 이상을 벌었다. 이 책은 그 노하우를 집필한 것이다.

이 책을 읽는 여러분 중에서 스스로 잘하는 게 없고, 콘텐츠도 없어서 무엇을 해야 할지 모른다고 생각하는 분들도 있을 것이다. 그러나 관점만 바꾸면 할 수 있는 일들이 천지삐까리('매우 많다'라는 뜻의 사투리)라는 것을 알려주고 싶다.

특히 나처럼 집안일도 하고, 아이도 돌봐야 해서 바쁜 일상을 살아가는 엄마들도 충분히 할 수 있다는 사실을 말하고 싶다. "당신도 집에서 월 천만 원 버는 엄마가 되었으면 좋겠다"라는 마음으로 이 글을 쓴다.

당신은 자신이 생각하는 것보다 더 많이, 더 잘할 수 있다.

**박소정, 박서인**

Chapter 3

## 수익화를 위한 전자책을 만들어라

Chapter 4

## 브랜드 블로그 개설과 운영



Chapter 5

## 강의 하나로 수익화하는 방법

Chapter 6

## 강의 홍보와 모객 노하우

Chapter 7

## 줌 활용으로 온라인 수익화 만들기



Chapter 8

## 나만의 콘텐츠 비즈니스 모델 설계와 브랜딩

## Chapter 1

# 나는 집에서
# 월 천만 원 버는
# 엄마가 되기로 했다

01

# 벼랑 끝에 선 엄마

나의 하루 시작은 출근 전부터 분주하다. 아침에 일어나자마자 둘째 아이가 말한다.

"엄마, 목이 따가워. 머리도 아파."

"아, 그래? 일단 밥 먹자."

"엄마, 아침밥이 안 넘어가."

목도 따가우니 밥이 제대로 넘어갈 리가 없다. 급하게 차장님께 문자를 보낸다.

『팀장님, 둘째가 아파서 소아과에 들렀다가 출근해야 할 것 같아요. 정말 죄송합니다. 최대한 일찍 출근하겠습니다.』

서둘러 아이를 데리고 회사 가방, 어린이집 가방 두 개를 들고 소아과 병원에 뛰어갔다.

“어느 진료실로 접수해드릴까요?”

“빨리 진료 되는 곳이요.”

오늘따라 진료는 더디기만 하다. 대기 6번. 그저 대기수가 줄어들기만을 기다리며 아이 얼굴 한 번, 대기 순서 모니터 한 번을 번갈아 본다. 이렇게 출근 전 하루가 시작된다.

오전부터 혼자 늦은 출근을 할 때면, 회사 문을 슬며시 열고 조심스럽게 발소리를 내지 않고 내 자리에 앉아야 했다. 그리고 차장님과 동료들에게 조용히 인사를 하고, 이제 막 도착하지 않은 듯 컴퓨터의 전원 버튼을 살짝 눌러 하루 업무를 시작한다.

“10시에 대회의실에서 회의합시다.”

오늘도 어김없이 회의가 진행된다. 과장 2년 차가 되니 회의마저 두려웠다. ‘내가 어떤 일을 맡게 될까? 기획서나 운영방안을 보고서로 만들라고 하면 어떻게 하지? 내 생각을 어떻게 문서화해서 차장님께 보고하지?’ 벌써 걱정이 시작된다.

이어지는 10시 회의. 가방을 풀지도 못했는데, 회의 시간에 맞춰 업무 다이어리와 펜을 꺼내 대회의실로 들어간다. ‘어려운 일이 없었으면 좋겠다. 컴퓨터로 작성하는 PPT 보고서는 안 시켰으면 좋겠다.’ 다행히 회의가 무사

히 끝났다. 회사에서 주어진 일, 동료에게 피해를 주지 않는 일, 딱 거기까지 하다가 오후 6시가 되면 퇴근 준비를 했다.

당시 나는 회사에서 내가 할 수 있는 업무 외의 일이 내게 주어질까 두려웠다. 수식이 많이 들어간 엑셀, 한눈에 보이는 깔끔한 파워포인트의 문서작업, 이 내용을 토대로 한 PPT 발표까지 쉽지 않았다. 컴퓨터 업무가 어려운 나는 12년 동안 내게 맞지 않는 옷을 입고 커리어우먼으로 살아갔다.

게다가 회사는 점점 성장해 갔지만, 나는 연차가 쌓여 갈수록 걱정이 늘었다. 10년 차가 되면서 점점 더 옥죄어 갔다. 그리고 날마다 생각했다.

'내가 회사에서 더 일할 수 있을까?'

나 스스로 행동을 바꾸면 할 수 있는 일인데도, 연차 10년이 되면서부터는 매일 이런 쓸데없는 생각을 했다. 회사 내 조직 재배치와 부서별 자리 이동으로, 결국 나는 스스로 회사 밖을 나오기로 결심했다. 그러나 아무런 창업 준비가 없었기에 곧장 퇴사와 함께 힘들어지기 시작했다.

회사에서는 컴퓨터도 못 하는 12년 차 말년 과장, 퇴사 후에는 준비 없이 오픈한 식당 창업. 급기야 코로나까지 창업

2주 만에 터졌다. 모든 것이 원망스럽고 내 탓 같았다.

'왜 나는 회사에서 더 견디지 못하고 나왔는지, 왜 코로나는 창업하자마자 왔는지.'

무모한 퇴사와 아무 준비 없이 창업한 식당의 매출은 바닥으로 떨어졌다. 나는 한 달 동안 아무 말도 하지 않았다. 식당에서 손님을 맞이하고, 주방 음식을 보조하는 등 일과 관련된 것 외에는 누구와도 대화하고 싶지 않았다. 삶의 의욕이 퇴사 후 무모하게 시작했던 식당 창업으로 완전히 사라졌다.

02

# 나답게 돈 벌기로 했다

삶의 의욕은 사라졌어도 여전히 분주한 나날을 보냈다. 당시 나는 서울 강서구에 있는 중소기업에서 CCTV 마케팅하는 일을 했다. 그도 그럴 것이 코로나로 매출이 감소한 부분을 전부 채워 넣어야 했다.

중소기업에 오전 9시까지 출근해서 저녁 6시까지 일하고, 바로 칼퇴근해서 저녁 7시 20분까지는 식당에 도착했다. 그래야만 남은 식당 업무와 마감을 할 수 있었기에 매일 부리나케 퇴근했다. 식당 마감을 하자마자 집으로 돌아와 밤 11시까지는 두 아이의 학교생활과 숙제 체크로 한 시간을 사용했다.

그리고 이어지는 밤 11시, 엄마들과의 강의가 시작된다. 20대 후반부터 50대 중반까지 연령대는 달라도, 모두 '엄마'라는 이유로 매주 수요일 밤 11시에는 강의와 함께 공부가 시작된다. 강의 내용은 모두가 궁금해하는 온라인 수익화 과정, 내 집 마련 부동산 과정, 가계부 쓰는 방법, 아이들이 자기 주도 학습하는 방법, 그리고 '나'라는 사람이 살아가는 방법 등 다양했다.

처음에는 내가 '성과'를 낸 부분을 가르쳐주는 강사로서 활동했다. 그러다가 시간이 흐를수록 성과에서 한 단계 나아가 현재하고 있는 '과정'을 인사이트로 알려줬다. 부동산이라는 재테크에서 '시간 관리, 독서법 등의 자기 계발, 두 아들의 육아 방법' 등 가르치는 분야가 점점 확장되었다.

실제 힘들지 않았다면 거짓이다. 아침 7시 30분에 나가 저녁 6시까지의 직장생활, 퇴근 후 저녁에는 식당 업무, 집에 와서 아이들을 돌보다가 재운 뒤 밤늦은 시간에 시작하는 강의였으니. 그런데도 오히려 강의 후에 늘 새 힘을 얻었다. 이후 나는 일 년 동안 매주 한 번씩 진행하는 강의를 맡았는데, 내가 가르쳐 준 것을 실제로 적용해서 성장하는 수강생들의 사례들을 보면서 더욱 힘이 났다.

이렇게 고된 하루를 보내면서도 진행했던 늦은 밤 강의

는 내게 힐링을 주었다. 게다가 진심은 통하는 법이라고, 수강생들 역시 그 마음을 알게 되었다. 2021년 한 해 동안 나는 강의로 8천만 원이 넘는 매출을 올렸다.

식당을 정리하기로 마음먹은 후 고민하기 시작했다.

'이제 나는 뭘 해 먹고 살아야 하지?'

'다시는 실패하면 안 되는데, 뭘 해야 할까?'

'나답게 살고 싶은데, 무슨 방법이 있을까?'

오랜 고민 끝에 내가 내린 결정은 '커뮤니티를 활용한 온라인 수익화'였다. 마침 그 무렵 진행 중이던 일이기도 했고, 이것이 내게는 정답 같았다.

나는 식당을 창업하면 내가 원하는 삶을 살 줄 알았다. 아이들을 등교시키고, 식당에 출근해서 점심 장사를 끝내면, 오후 3시부터는 아이들을 내가 온전히 돌볼 수 있을 줄 알았다. 해보기 전이라 상상 속의 모습과 일이었다. 식당 창업과 동시에 코로나가 왔지만, 음식 재료라는 재고가 있기에 늘 분주하게 움직였다.

창업 후 현실은 오후 12시부터 2시까지는 손님들의 점심시간이라 제때 밥을 못 먹는 건 당연하거니와, 점심 장사를 끝낸 오후 3시쯤에는 내 몸이 녹초가 되어 아이들을 내 손으로 돌볼 힘이 하나도 없었다.

식당 창업 전 상상했던 모든 일은 일어나지 않았다. 분명 '내 장사'라 오후에는 마음 편하게 쉴 것으로 생각했지만, 현실은 전혀 달랐다. 도리어 식당 창업 후 더 힘들어져서 집에 가면 아이들과 꼭 필요한 얘기 외에는 하지 못했다. 너무 몸이 지쳐 아이들의 얘기조차 들어줄 여유가 없었다.

나는 식당을 직접 하고 나서야 알게 되었다. 그저 머리로만이 아닌, 몸으로 부딪혀 봤기에 식당 창업과 온라인 수익화 방법이 얼마나 다른지는 표를 통해 현실적 비교와 설명을 해보겠다.

| | 식당 창업 | 커뮤니티 온라인 수익화 |
|---|---|---|
| 재고 여부 | 음식 재료 | 지식, 경험 기반 |
| 창업 비용 | 식당, 음식 재료 등 모든 것 | 회의실 대관비, 줌 사용료 |
| 임대료 | 보증금, 월세 | 0원 |
| 업무 장소 | 식당 | 장소 제한 없음 |
| 수익 | 매출에서 임대료,<br>음식 재료,<br>인건비 등을 뺀 나머지 | 매출의 90% |
| 매출 한계 | 식당 좌석수 대비 회전율 | 온라인 무제한 |

여러 가지 측면에서 커뮤니티 온라인 수익화가 옳은 결정이었다. 결국 식당을 매도하고 사업자를 폐업했다.

사실 가장 걱정한 것은 '내가 두 아이를 돌보면서 일할 수 있을까'였다. 어린 시절, 하교 후 내가 느꼈던 차갑고 텅 빈 우리 집. 그게 정말 싫었는데 나 역시 나의 아이들에게 그렇게 하고 있었다. '나는 언제쯤 내가 직접 아이들을 케어하면서, 내가 원하는 일을 할 수 있을까?'라는 생각이 나를 더욱 힘들게 했다.

그러나 이런 나의 걱정과는 달리 커뮤니티 온라인 수익화는 내가 계획했던 모든 걸 해결해줬다. 온라인이라 무제한으로 콘텐츠 발행이 가능했으며, 그야말로 '무자본 창업'을 본격적으로 시작한 계기가 되었다. 2019년에 블로그부터 시작한 나는, 2020년부터 계속해서 생존과 성장을 함께 경험하며 점차 발전하기 시작했다.

어느 누구도 자기 삶에서 거저 얻어지는 건 없다. 내가 그토록 원하던 건 남의 손에 내 아이들을 맡기지 않고, 내가 직접 돌보면서 나의 일을 하는 것이었다. 그 방법이 무엇인지 다음 장을 보면서 하나씩 익혀가자.

03

# 스마트폰으로 돈이 벌린다고?

내가 식당에서 서빙하고 밥값 8천 원을 계산하는 동안 세상은 많이 바뀌어 갔다. 코로나의 장기화로 모든 교육은 온라인으로 진행했다. 나 또한 식당 창업이 실패라는 사실을 깨닫고는 모든 교육을 온라인, 스마트폰으로 들었다. 기존 오프라인 강의가 아닌 온라인 줌라이브, VOD 강의여서 나처럼 라이브로 실 강의를 듣지 못하는 사람들은 여러 번 들을 수 있어서 무척 좋았다. 장소에 구애받지 않고, 언제 어디서든 들을 수 있기에 더욱!

식당을 하며 아는 지인들도 찾아왔는데, 스마트폰으로 돌아가고 있는 강의 시장을 보여주었다. 기존 모임들은 지역, 인근 사람들이 주축이 되어 오프라인으로 했다면, 이제는 취미나 배우려는 부분만 같으면 온라인으로도 모두 다 가능했다. 게다가 오픈채팅방이 있어서 소통하고, 공감하며, 서로 대화가 잘 됐다.

하기야 매일 눈 뜨면 스마트폰을 보면서 알람을 끔과 동시에 단톡방 확인을 하는데, 오픈채팅방에서의 소통은 얼마나 더 좋겠는가. 이러한 원리로 오픈채팅방을 이용한 수익화는 더욱 활성화가 되었다.

'정말 스마트폰 하나로 돈 버는 세상이 내게도 왔구나'란 사실을 깨달은 나는, 2021년 식당을 매도하면서 본격적으로 강의를 시작했다. 나는 강의가 가능했기에 내가 이루어낸 성과와 인사이트를 바탕으로 지식과 경험을 나누는 강의를 시작했고, 그 외의 주변 사람들은 자신들이 원하는 미라클 모닝, 독서 모임 등의 커뮤니티 기반의 모임이 시작되었다.

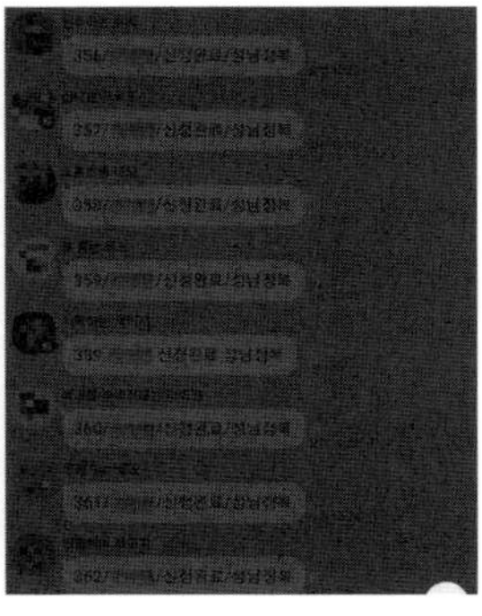

이 책을 읽는 여러분도 당장 스마트폰을 꺼내 확인해보길 바란다. 수많은 오픈채팅방 중에 공지 사항 확인 무료로, 또는 친목을 목적으로 얼마나 많은 채팅방이 스마트폰에서 활성화되고 있는가?

**이제부터 소비자가 아닌 '생산자의 눈'으로 세상을 바라보라.**

04

# 나는 블로그에 일기만 썼다

블로그로 돈을 번다는 사실을 전혀 모를 때는 괜찮다. 그런데 일반 주부들도 네이버 블로그에 글을 쓰며 체험단, 광고 협찬, 블로그 운영 대행, 블로그 마켓 등 블로그로 할 수 있는 게 너무 많았다. 지금도 여전히 돈을 버는 사람이 많다는 사실을 안 나는 '블로그로 난 뭘 했나'라는 생각이 들었다. 그리고 다시 나 자신을 들여다보았다.

이제 격리가 며칠 안 남았네요.
지어온 약은 다 먹었는데,
여전히 심한 감기 기운이 있어 병원에 전화했더니,

이제 코로나는 비대면 치료도 하네요.
넘 편하고 좋네요.
원장님과 통화로 증상 관련 약을 짓고,
약국은 동네 김집사를 이용해 픽업 요청하면
집 앞까지 김집사 분께서 약을 배달해주네요. 진짜 편리하죠!!!
부딪힘 없이 비대면으로 약을 주고받으니, 넘 좋네요.
코로나로 집에만 있어야 하니 답답하긴 하지만,
눈치 안 보고, 부딪히지 않고 다니니 덜 미안해지네요.

_블로그 내용 일부 발췌

이처럼 나는 네이버 블로그에 늘 일기만 썼다. 그러니 나를 아는 사람도, 나를 모르는 사람도, 소중한 자신의 시간에 내 일기를 보러올 필요가 없다. 따라서 확실히 블로그 조회수도, 블로그 지수도 높을 리가 없다. 블로그에는 네이버가 처음 설계할 때부터 만든 검색 엔진 기반의 글을 써야만 한다. 즉 정보성 글들을 써야 블로그 지수들이 함께 올라가고, 트래픽(Traffic, 정보 이동량)이 모인다.

이 책을 읽는 여러분은 어떠한가? 이미 네이버 블로그를 운영하는 사람이 있다면, 안 하는 것보다는 낫기에 정말 다행이다. 그렇다면 어떤 블로그를 운영 중인가? 또 어떤 카테고리를 통해 블로그를 인식하고 있는가? IT, 육아, 뷰티, 교육 등 다양한 분야가 있으니, 자신이 해보고 싶은 분야의 블로그 글(포스팅)부터 도전하길 추천한다.

더 나아가 현재 자신이 블로그를 통해 수익화를 하고 있지 않다면, 다음 장부터 알려주는 '수익화 방법'을 꼭 숙지하기를 바란다('Chapter 2'를 참고하라). 특히 'Chapter 6'부터는 블로그 개설과 동시에 수익화하는 구체적인 방법이 나오니, 순서대로 숙지하라.

05

# 만나는 사람을 바꿔라

우리는 어떤 사람을 만나느냐에 따라 인생이 바뀌기도 한다. 물을 담는 그릇에 따라 그 모양이 달라지는 것처럼.

취업 후 정말 많이 들어본 말이 있다.

**'가장 많은 시간을 함께 보내는 다섯 사람의 평균 모습이 바로 당신이다.'**

이 말은 우리는 주변 사람들의 영향을 받을 수밖에 없는 존재이기에, 스스로 변하고 싶다면 만나는 사람을 바꿔야 한다는 의미를 담고 있다.

성공하는 방법을 소개하는 여러 유튜브 채널에서도 자주 하는 말이 있다.

**'성공하기 위해서는 만나는 사람을 바꿔라.'**

성공을 꿈꾼다면 그에 걸맞은 비즈니스 모델을 찾거나, 자신보다 앞서있는 사람을 만나는 것이 좋다. 뛰어난 기량을 갖춘 운동선수가 자신을 잘 키워줄 프로모터를 만나는 게 중요하듯이. 그렇다면 현실적으로 어떻게 해야 만나는 사람을 바꿀 수 있을까?

나는 원래 사람을 잘 만나지 않았다. 아니 더 정확히는 만날 시간도 없었다. 부지런히 살지 않으면 해낼 수 있는 일이 별로 없었다. 성실히 해도 안 되는 일이 많았기에 내가 원했던 목표를 이루기 위해서는 뭐라도 성실히 꾸준하게 해내야만 했다.

온라인을 통해 만나는 사람들은 달랐다. 만남 자체가 시공간을 뛰어넘기에 온라인으로 함께 강의를 듣고 소통하다가 친구가 되었다. 비록 온라인으로 시작했지만, 내가 정말 힘들 때 의견을 들어주고 방향 잡아주는 건, 온라인 오픈채팅방 사람들이었다. 내가 대접받고 싶다면 나도 대접하라는 말처럼 온라인에서도 이 기준으로 소통했다.

이전 식당(오프라인)에서 일할 때는 재고 정리나 재료 등을 전달했지만, 온라인에서는 지식과 경험만으로도 서비스가 되고, 제대로 된 소통을 할 수 있었다. 서로의 마음

속에는 '믿음'이 존재했고, 지식과 경험에 더해 나의 가치관 한 스푼을 추가해주니 마음 맞는 사람들이 더욱 늘어났다.

식당에서 일하며 재료 상회 사장님, 한식 도시락 포장지 배달원분, 폐식용유 회수해 가시는 사장님을 만나는 것과는 소통의 깊이가 전혀 달랐다. 온라인에서 만난 다양한 직종의 사람들은 어떻게든 하루하루의 과정을 콘텐츠화하고, 자신의 경험을 세상에 내놓을 서비스로 만들지를 고민했다.

나는 이들과 소통하면서 '어떻게 더 많은 사람들이 잘할 수 있을까?', '어떤 방법이 더욱 쉬울까?', '어떻게 설명해야 바로 적용할 수 있을까?'만 고민했다. 그러면서 세상을 바라보는 나의 관점이 바뀌기 시작했다.

**내가 할 수 있는 일에 대한 관점을 바꾸면, 세상에서의 나는 '생산자'로서 일이 정말 많다는 것을 깨달았다.**

당신은 어떤 삶을 살고 있는가? '생산자의 삶'인가, '소비자의 삶'인가? 지금 이 글을 읽은 순간부터는 생산자의 삶을 향해 한 발자국 나아가자!

소통해도 아무 문제가 없다. 오히려 소통할 인원들이 늘어났으니 다른 분들에게 피해가 가지 않도록 공지해야 하는 부분은 반자동화를 만들었다. 점점 시스템화로 만들어 나가는 중이다.

진행 방법과 운영 형태는 똑같다. 매주 화·목요일 저녁 9시에 모여 함께 무료 강의를 듣고, 더 필요한 분들은 각자의 니즈에 의해 강의를 구매하여 더 집중적으로 배워간다. 매주 화·목요일 오전 10시에는 무료 재능기부 강의를 접수하고 30분간 400명의 강의가 마감된다. 또한 남성들의 비중이 커졌음에도 대부분의 사람들이 좋아하는 콘텐츠는 '잘 살아가는 방법', '부자 되는 방법', '내 집 마련하는 방법' 등 똑같다.

그래서 이전과 동일하게 재테크, 부업, 자기 계발, 마인드셋으로 이어간다. 2021년에는 자녀를 둔 여성들이 타깃이라 육아법, 공부법 등을 다루었지만, 현재는 오픈채팅방의 타깃층이 확대되어 주로 부(富)와 관련된 내용이 더 많다.

국내 1위 부동산 플랫폼(네이버 카페 3백만 회원수)인 〈피터팬의 좋은방 구하기〉와도 커뮤니티 수익화를 함께 하고 있다. 처음 운영하는 플랫폼에서 〈피터팬의 좋은방 구하기〉 카페 회원들도 함께 소통할 수 있도록 오픈채팅방을 열고,

공지를 보고 와서 강의를 들을 수 있도록 열어두었다.

역시나 반응은 처음 오픈채팅방 무료 강의를 열었을 때와 똑같았다. 사람이 적어도 그와 상관없이 '찐 정보'로 누군가에게 도움 되는 내용의 강의를 하면, 결국 사람의 마음은 열리게 되어 있다. 앞으로도 이런 협업 체제는 계속 이어갈 계획이다.

02

# 사람을 모으면 뭐든지 팔 수 있다

오픈채팅방은 특정 주제에 관심 있는 사람들 누구나 대화에 참여할 수 있는 공간이다. 사람들을 한곳에 모아두면 함께 반응하고 소통하며 관계를 이어간다. 처음에 관심과 호기심을 지닌 단계에서 점차 신뢰와 믿음이 쌓여 판매로 이어지는 방식이다. 중요한 건 사람은 '같은 목적'으로 모여있을 때 뭐든 팔린다. 그렇지 않으면 아무리 좋은 제품이라 해도 같은 관심사가 아니기 때문에 판매하기 어렵다.

2년 전 오픈채팅방에서는 일상 속 성과를 공유하며 사례 중심으로 육아법 등 과목별로 학습을 진행했다. 이후 성공 마인드셋, 부동산 투자, 돈 버는 부업을 진행했으며, 더 나아가 '운동 챌린지'까지 이어나갔다. 리더가 운동하는 모습을 인증하고, 모든 과정과 건강해진(날씬해진) 결과를 인증하는 것이다. 이를 본 다른 회원들은 자신도 건강하게 운동하고 싶은 마음이 들 것은 당연하다.

사람들은 누구나 부자가 되고 싶고, 건강하고 날씬해지고 싶어 한다. 하지만 그만큼 쉽지 않으며 큰 노력이 필요하다. 그런데 챌린지를 통해서 다른 사람이 성취하는 모습을 본 사람들은 자신도 할 수 있다고 느끼게 만든다. 이러한 생각과 각자의 다짐이 모여 진짜로 해내게 되며, 자신도 그 과정과 결과를 공유한다. 즉 챌린지를 통해 함께 해내는 그 힘을 오픈채팅방에서 공유하는 것이다.

오픈채팅방에서는 운동 챌린지 외에 반려동물용품 공동구매를 시작했다. 지금은 반려동물과 함께 사는 인구가 늘어나서 가족처럼 생각하는 시대이다. 내가 사랑하는 반려동물에게 더 좋은 것을 입히고 먹이고 싶은 마음으로, 톡방 플랫폼에서 판매되는 프리미엄 제품을 같은 기간에 저렴한 가격에 사서 먹는다는 취지이다. '이왕이면 좋아하는 곳에서 사겠다'라는 구매 심리를 이용한 것으로, 공동구매물품을 최고의 퀄리티와 합리적인 가격으로 안내하면 된다.

단 내가 파는 유무형의 상품은, 내가 줄 수 있는 최고의 퀄리티와 합리적인 가격을 제시해야 한다. 그러면 입소문이 날 것이며 점점 강의도, 챌린지도, 공동구매도 판매하는 그 무엇이든 맛집이 될 것이다.

**잊지 말자. 제공하고자 하는 제품의 최고의 퀄리티를!**

이것만 지키면 된다. 간단해 보이지만 이것이 성공의 핵심 원리이다.

03

# 수익화 오픈채팅방 로드맵

가장 빠르게 성공에 도달하는 방법은, 그 업에서 가장 잘하고 있는 사람의 사례를 벤치마킹하는 것이다. 나 역시 강의를 통해 오픈채팅방 수익화 방법을 배웠고, 실제로 수익을 낸 사람을 보면서 익혔다. 즉 이론만이 아닌 실제 이 방법으로 수익화하고, 매일 사용하는 사람을 통해 배우는 것이 가장 정확하다.

먼저 블로그에 글을 포스팅하고, 전자책을 활용해 무료로 나누어줄 거리를 만든다. 그다음 포스팅 맨 마지막 부분에 오픈채팅방 주소를 삽입한 후, 더 많은 정보를 원한다면 오픈채팅방에 들어오라고 안내한다. 즉 나를 알리고, 전자책을 통해 믿음이 가도록 한다. 그리고 나의 사람들을 한곳에 모아 여기서 뭔가를 판매한다.

※ 보낸 메일함 인증 입니다.

👉 함께 운영중인 왕초보 _삼시세끼경매스터디 오픈 채팅방이 생각보다 많은 분들이 참석해 주셔서 깊이 감사드립니다.

※ 2023년 8월 11일 채팅방 81명 참여 중입니다.

이렇게 [전자책 무료 제공], [더 필요한 정보는 채팅방]이라는 내용을 블로그에 담는다. 대개의 사람은 모두 똑같다. 얼마나 많은 사람을 구매 전환으로 이어지게 하는가는, 그 채팅방을 운영하는 방장의 성향에 따라 다르다. 즉 '소통을 얼마나 잘하느냐', '수강생들을 어떻게 유도하느냐'에 따라 다를 뿐이다.

기본적으로 다음 3가지만 있으면 된다.

**① 블로그 : 글로써 발행**

**② 전자책 : 무료 제공**

**③ 오픈채팅방 : 소통 장소**

①, ②는 어렵지 않다. 마트의 시식 코너를 상상해보자. 마

트 직원들이 무료로 음식을 권할 때 먹어보고 맛있으면 사고, 맛이 없으면 사지 않는다. ③은 일상에서 만나기 힘든 유명한 작가님이나 강사님들을 채팅방에서 만나 소통할 수 있다. 이렇게 하나씩 커리큘럼을 쌓아 올라가면 된다.

04

# 오픈채팅방 개설과 콘셉트

오픈채팅방은 다양한 형태와 목적으로 운영되며, 온라인 커뮤니티나 소셜 네트워크 서비스 등에서 제공된다. 지금은 오픈채팅방 하나 가입하지 않은 사람은 없을 것이다. 다들 어떤 목적이나 이유에서 오픈채팅방에 가입하여 소통한다. 그러나 자신이 직접 오픈채팅방을 오픈하고 관리하는 사람은 별로 없을 것이다.

앞장에서 말한 것처럼 우리는 생산자의 관점으로 세상을 바라봐야 한다. 즉 스스로 주인(생산자)이 되어야 수익을 낼 수 있다.

## 01) 오픈채팅방 개설 방법

먼저 오픈채팅방을 개설하는 방법을 알아야 한다. 각 단계의 이미지와 함께 개설 방법을 알려주겠다. 카카오톡 화면에서 일반 채팅이 아닌 '오픈 채팅'에 들어가서 '+ 표시'를 누른다.

'그룹 채팅'을 선택한다.

그다음 오픈채팅방 이름과 프로필 설정, 기본 프로필만 참여 허용, 검색 허용, 입장 조건 등을 하나씩 맞추면 된다.

앨범으로 프로필 설정이 가능하다.

닉네임이 아닌 형태로(기본 카카오톡에 설정된 실제 이름으로) 참여하는 사람만 가능한 채팅방이 된다. 이 부분은 실제 활성화를 위해서는 닉네임을 활용하는 게 더 많은 사람을

모으는 데 효과적이다.

네이버 검색 기능처럼 오픈채팅방에서도 그 성격에 따라 검색 기능을 허용하거나 불가능하게 설정할 수 있다. 예를 들어 오픈채팅방에서 운동, 독서 등으로 검색하면 수많은 오픈채팅방을 볼 수 있다. 현재 내가 운영하는 오픈채팅방은 많은 사람이 함께 이용하면 좋은 커뮤니티적 채팅방이므로, 검색을 가능하게 하면 효과적이다.

그다음 '완료' 버튼을 누르면 다음과 같은 채팅방이 생성된다. 이 채팅방을 어떻게 활용하느냐에 따라 수익화가 가능한지 함께 사용해보자.

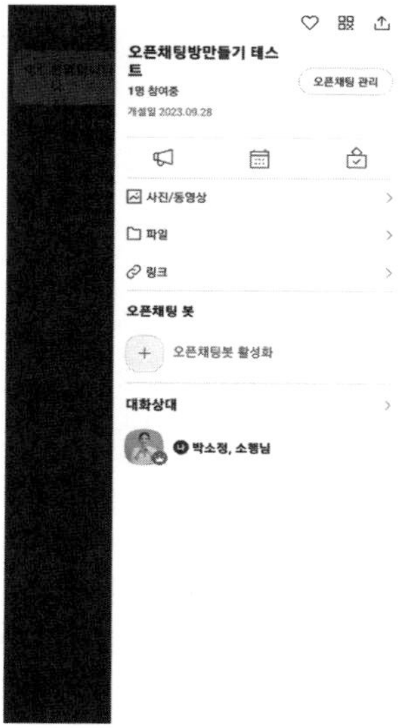


## 02) 나만의 오픈채팅방 콘셉트 잡기

오픈채팅방은 '나만의' 팬들이 모인 곳이다. 나와 관심사가 같거나, 알고자 하는 것이 비슷하거나, 공감하는 부분이 같은 사람들만 모여있는 것이다. 오픈채팅방을 개설했다면 이제 채팅방의 성격(나만의 콘셉트)에 맞춰 콘셉트를 잡아야 한다.

예를 들어 [초등 엄마들의 교육법]이라는 채팅방에서는 초등학교 자녀를 둔 엄마들이 모여 아이들을 어떻게 교육할지에 관한 내용을 소통할 것이다. 또한 [건강한 다이어트 모여라]라는 채팅방에서는 건강하게 살을 빼고 싶은 사람들만 모여 소통할 것이다.

그렇다면 나는 어떤 주제로 채팅방을 만들어서 수익화할지 생각해보자. 너무 어렵게 고민할 필요 없다.

**'나는 무엇을 좋아하는가?'**

**'나는 어떤 일에 설레는가?'**

**'나는 어떤 일을 할 때 몰입하는가?'**

**'나는 밤에 자다가도 어떤 즐거운 생각에 벌떡 일어나는가?'**

나는 직장인으로 12년을 근무했고, 퇴사 후에는 아무런 준비 없이 창업했다. 무모하게 시작한 창업과 동시에 코로나 악재가 겹쳤다. 14년 동안 내가 했던 일들은 모두 내게 맞지 않는 일들이었다. 그러나 지금은 전혀 다르다. 내가 원하고, 내가 좋아하는 일, 내가 설레고, 나를 주체로 한 일들로 시작하니, 매일 하루가 감사한 마음으로 업무를 시작하게 된다.

스마트폰 하나로 모든 업무가 가능하고, 어디서든 손쉽게 일해서 좋다. 가족과 하와이 여행을 가도, 명절에 부모님 댁을 가도 얼마든지 일할 수 있다. 내가 바라는 가장 이상적인 업무여서 일을 하면서도 몰입하게 된다.

만약 내가 아이들 옷 공동구매를 한다고 가정하자. 아이들 옷을 사야 하는 시즌이 있는데, 나의 팬들을 한곳에 모아 시즌별 옷이나 기간별 박리다매로 공동구매를 할 수 있다. 사람을 한곳에 모아두는 역할을 하는 오픈채팅방은 할 수 있는 일이 정말 여러 가지다. 그래서 지금은 반려동물용품 공구 사업도 오픈채팅방으로 함께 하고 있다.

당신은 어떤 형태로 오픈채팅방을 활용할 것인가? 미라클 모닝 챌린지, 다이어트 운동 챌린지, 반려동물용품 공구, 먹거리 공구 활용 등 사용할 수 있는 것은 정말 많으니 어떤 콘셉트로 이어갈지 고민해보자.

**다만 '수익화' 부분에 초점을 맞춰야만**
**사람들을 한곳에 모아 돈을 벌 수 있다.**

### 03) 콘셉트별 오픈채팅방 N개 수익화 방법

현재 나는 3년째 오픈채팅방을 수익화로 활용하고 있다. 앞장에서도 말한 것처럼 처음에는 주부, 워킹맘 등 엄마들을 대상으로 아이들의 자기주도학습, 과목별 공부법, 엄마들의 시간 관리 등을 주제로 했다. 내가 사용한 방법 중에 성과를 낸 부분을 강의하고, 이것을 처음에는 무료로 진행한 후에 더 알고 싶은 분들만 유료 정규 과정을 통해 더 깊이 알려주는 강의 형태였다. 이후 영어, 수학, 국어 등 과목별로 확장하면서 '온라인 초등학교'가 만들어졌다.

2023년의 시작은 재테크 교육 강의였다. 내가 직접 강의하기도 하고, 다른 강사님들과 협업하기도 한다. 매일 내가 하는 부동산 공부나 자기 계발, N잡(여러 개의 직업을 동시에 하는) 등 다양한 파이프라인을 구성하는 게 내 역할이라고 생각한다. 그래서 현재 오픈채팅방도 자기 계발, 블로그 체험단, 인스타그램 수익화 등의 방법으로 파이프라인을 갖춰가는 형태의 강의로 구성했다.

또한 단순한 주입식 교육만이 아닌 '챌린지' 형태의 살아 숨 쉬는 강의는 끝까지 잘된다고 생각한다. 그래서 100% 환급형 챌린지를 오픈채팅방에서 활용하고 있다. [종잣돈 1억 만들기 챌린지 : 66일], [하루 계단 운동 7분 챌린지 : 30일] 등 구체적이며 명확한 주제로 오픈채팅방을 운영한다.

그 밖에 파트너사와 협업하여 함께 운영하는 방식도 있다. 현재 내가 운영하는 오픈채팅방에 협업 파트너사의 수강생들을 함께 교육하고 소통하는 방식이다. 파트너사에서는 수강생을 모객하여 내게 알려줄 뿐, 모든 관리는 내가 하고 있다. 어떤 파트너사가 오든지, 현재 내가 하는 방식에 숟가락 하나 얹는 역할이라 어렵지 않다. 오히려 많은 파트너사와 협력관계로 이어질수록 관리, 책임, 의무로 더욱더 힘을 쏟게 된다.

마지막으로 자신의 업을 홍보할 수 있는 오픈채팅방도 운영하고 있다. 이 채팅방은 기존 방식과는 다르게 자유롭게 광고하거나 홍보할 수 있다.

이렇게 열려있는 방식으로도 자유롭게 채팅방을 활용하고, 트래픽을 통해 나 역시 또 다른 뭔가를 홍보할 수 있다. 즉, 좀 더 사람을 잘 모으는 사람이 채팅방을 만들고, 단순한 운영이 아닌 수익화를 하는 방식으로 만드는 게 좋다.

05

# 오픈채팅방 운영과 공지

## 01) 오픈채팅방 반자동화 운영 관리법

오픈채팅방을 처음 운영할 때는 '시스템화 운영방식'과 '수동식 운영방식'의 차이를 모른다. 하지만 점점 채팅방을 운영할수록, 즉 채팅방의 개수가 늘어날수록 수강생들의 문의도 많아지는데, 매번 같은 질문을 받다 보면 '오픈채팅방에도 자동화가 필요하구나'라고 느끼게 된다.

오픈채팅방을 만들 때부터 '공지'라는 기준을 세워 정립하듯, 나는 오픈채팅방을 운영할 때 '자동화' 부분을 기획하여 관리하고 싶었다. 강의를 판매하는 오픈채팅방이 가장 활발한 시기가 있다. '강의를 신청하는 날', '강의를 진행하는 날', '강의 후기를 받는 날' 3가지이다.

강의를 신청하는 날은 당연히 수많은 톡이 오갈 수밖에 없고, 실제 강의를 진행하는 날은 모두가 힘내는 날이기에 소통이 갑절로 늘어난다. 강의가 끝나고 후기를 받는 날에는 양질의 강의를 무료로 들은 수강생들이 진심을 담아 후기를 쓰는데, 그 후기를 확인하며 소통이 배가된다.

이 3가지 외에는 특별한 변수가 없다. 오픈채팅방을 만든 순간부터 기획, 관리, 운영까지 들어가야 하므로 반자동화의 명확한 기준을 잡아두어야 한다. 3가지를 진행하는 날을 대비해 평소 부지런히 기획하고, 후기를 확인하는 것뿐 특별하게 더 할 일은 없다. 누구든지 굳게 마음만 먹으면 할 수 있다. 이 책을 읽는 여러분도 이번 기회에 도전하여 모두 성공하기를 진심으로 바란다.

## 02) 잘되는 오픈채팅방은 공지부터 다르다

오픈채팅방 개설 후 공지 사항을 올려야 한다. 처음에는 아무것도 없는 상태에서 시작한 것이라 어떤 공지 사항을 올려야 할지 막막할 것이다. 자신만의 경험과 지식을 콘텐츠로 만들고 판매해서 수익화를 하고자 한다면 먼저 여러 개의 오픈채팅방에 가입하라. 그리고 오픈채팅방에 올라오는 홍보를 통해서 또 다른 오픈채팅방을 파도타

기처럼 타고 들어가라.

분명 그중에는 잘되는 오픈채팅방도 있고, 그저 홍보만 올라오는 오픈채팅방도 있을 것이다. 또 인원수는 많은데 수익화가 안 되는 오픈채팅방도 있을 것이다.

여기에서 우리는 소비자의 관점이 아닌 '생산자의 관점'으로 잘되는 오픈채팅방은 어떻게 운영하는지를 분석해서 벤치마킹할 필요성이 있다.

다음의 '잘 되는 오픈채팅방의 공지'를 참고하라.

## ■ 잘되는 오픈채팅방의 공지

① 방의 운영 목적과 어떻게 운영되는지 알려준다.

② 홍보를 위해 들어온 사람들이 많으므로, 홍보 가능한 요일과 시간대를 알려준다.

③ 홍보를 위해서 지켜야 할 사항을 명확히 한다(중복 홍보 불가, 줌이나 오픈채팅방 링크 불가 등)

④ 불가능한 홍보 내용을 알려준다(주식, 코인, 정치적, 종교적 내용 불가 등).

⑤ 운영자와 직접 상담이 가능한 카카오톡 채널 안내와 연락처를 공지한다.

⑥ 운영자의 브랜딩 스토리를 블로그에 포스팅하고 링크를 건다.

⑦ 정규 과정과 멤버십 신청 방법을 안내한다.

⑧ 지금까지 운영해온 무료 특강과 앞으로 진행 예정인 무료 특강 리스트를 올린다.

⑨ 후기 남기는 방법을 알려준다.

⑩ 현재 운영 중인 다수의 오픈채팅방 링크를 건다.

⑪ SNS 채널 링크를 알려준다(인스타그램, 유튜브, 네이버 카페 등).

⑫ 오픈채팅방의 공지는 수시로 업데이트한다.

06

# 오픈채팅방 멤버 관리 방법

오픈채팅방의 멤버는 100명부터 시작할 수 있으며, 최대 1,500명까지 가능하다. 그런데 인원수가 많다고 해서 전환율이 좋은 것은 아니다. 운영자가 어떻게 운영하느냐에 따라 그 결과는 달라진다. 따라서 300명, 500명, 1,000명, 1,500명의 단계로 인원수를 늘려가며 테스트를 하면서 가장 효율이 좋은 것을 선택해서 운영하는 것이 좋다. 운영자의 성향이나 채팅방 콘셉트, 또는 구성원에 따라 차이가 있다(정답은 없다).

## 01) 오픈채팅방의 프로필 설정

오픈채팅방에 가입할 때 프로필을 '카카오 기본 프로필'이나 '오픈 프로필'로 설정할 수 있다. '카카오 기본 프로필'로 설정하면 가입한 멤버의 실명으로 운영되기에 더욱 클린한 채팅방이 될 수 있다. 반면 '오픈 프로필'은 일대일 오픈채팅방으로 멤버들끼리 소통할 수 있어서 혹시 모를 불미스러운 사고가 일어날 수 있다. 그러니 '카카오 기본 프로필'로 운영하기를 권한다.

또한 '오픈 프로필'로 운영할 경우, 스팸 계정(광고)이 많이 유입될 수 있다. 예를 들어 '눈물 흘리는 제이지', '눈물바다에 빠진 라이언' 등 카카오에서 제공하는 이름(동명이인)으로 수없이 많이 가입될 수 있어서 회원 관리가 어렵다.

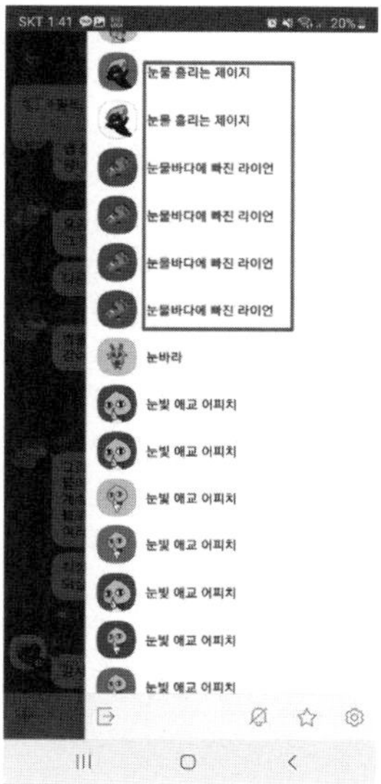

이런 경우, 공지 사항에 '실명으로 바꿔달라'고 올리고 실명으로 바꾸지 않으면 '내보내기' 처리될 수 있다는 것을 함께 알려줘야 한다. 또한 방장과 부방장은 수시로 채팅방을 보면서 광고, 정치, 종교 등 논란이나 분쟁이 될만한 글이 올라오면 다른 멤버들이 보지 못하도록 '가리기' 처리해야 한다. 그리고 그런 글을 올린 멤버는 바로 '내보내기'를 하는 게 좋다.

## 02) 효율적인 부방장의 역할

오픈채팅방을 운영할 때 200명까지는 방장 혼자서 제어할 수 있다. 그러나 다른 일을 병행하면서 동시에 채팅방을 관리하는 것은 현실적으로 어렵다. 따라서 방장과 같은 역할을 하는 부방장을 뽑아두는 게 좋다.

다음은 부방장을 설정하는 방법이다.

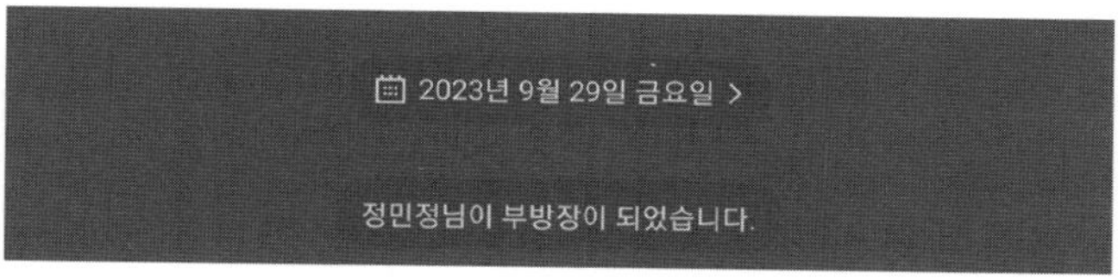

부방장은 방장을 대신해서 멤버들의 질문에 답해줄 수 있다. 모든 답변을 방장 혼자서 할 수 없으니, 채팅방 인원수가 늘어날수록 부방장과 함께 나누어 대처하면 좋다.

오픈채팅방 자체가 채팅방에 참여한 멤버 모두 대화를 이어가는 형태이기에 부방장을 두고 다 함께 소통하는 분위기를 만들면 더 돈독하고 화기애애할 것이다. 부방장은 5명까지 설정할 수 있다. 인원수가 늘어날수록 대처할 수 있는 부방장도 늘어나면 좋으니, 방장과 함께 채팅방을 관리할 부방장을 뽑아서 멤버들의 질문과 답변을 이어나가며 많이 소통하는 것이 좋다.

### 03) 오픈채팅방 규칙 위반 시 처리

오픈채팅방은 공지 사항에 올린 운영 규정을 반드시 준수해야 한다. 그 규정을 따르지 않은 멤버는 '내보내기' 처리하며, 한번 내보내진 멤버는 해제하지 않는 한 다시 오픈채팅방에 들어올 수 없다. 하루에도 수많은 사람들이 자율적으로 입장하고 퇴장하는데, 사실 많은 오픈채팅방에 가입되어 있어서 충성심이나 애정이 있지 않다. 그래서 규정 위반으로 내보내져도 그냥 그런가 보다 생각하는 사람들이 많다.

오픈채팅방은 운영자가 만든 규칙이 절대적이다. 만약 규정에 어긋나는 글이 올라오면 먼저 '가리기' 처리한다.

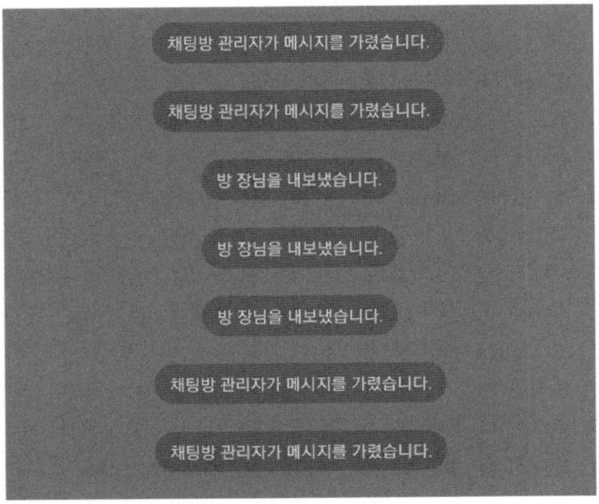

그런데 스팸 광고를 하는 비정상적인 계정이라면 바로 '내보내기' 처리를 하고, 같은 업계 종사자라면 한두 번은 '가리기' 한 후 그 사람을 태그해서 규정 위반을 알려준다. 그런데도 계속 위반한다면 그때는 가차 없이 '내보내기' 하면 된다. 인연이란 언제, 어디서, 어떤 모습으로 만날지 모르기에 너무 냉정하지 않게끔 약간의 인간미를 발휘하는 것도 좋다.

또한 규정 위반으로 '내보내기' 한 사람이 있는데 계속 그 오픈채팅방에 있고 싶다면 어떤 식으로든 연락이 올 것이다. 그때는 운영 규정을 이야기한 후 앞으로 잘 준수해달라는 말과 함께 '내보내기 해제'를 하면 된다.

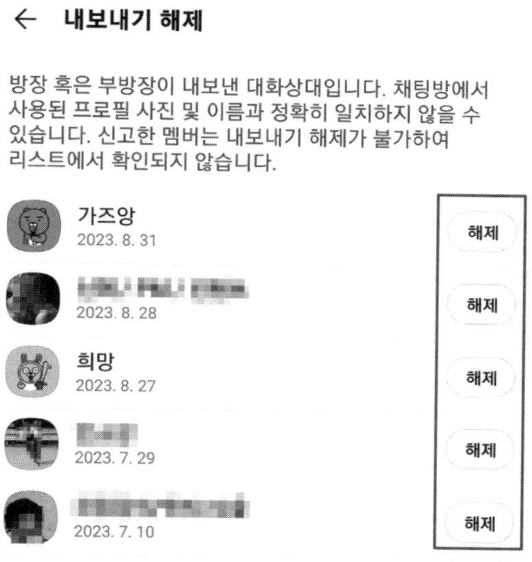

07

# 오픈채팅방 이벤트 기획 방법

만약 누군가가 여러분에게 무작정 선물을 주면서 "이거 좋아요, 한번 사용해보세요"라고 말한다면 어떤 기분이 들까? 좋기는커녕 오히려 거부감이 들 것이다. 그러면서 '나를 모르는 사람인데 왜 저럴까? 왜 과잉 친절하지? 혹시 나에게 부탁할 게 있나?'라고 생각할 것이다.

오픈채팅방에서의 이벤트도 이와 비슷하다. 정확한 목적과 의도, 내용이 없는 이벤트는 자칫 오해의 소지가 있다. 공지 사항에 없는 깜짝 이벤트는 더욱 그렇다. 오픈채팅방 내 이벤트를 기획할 때 필요한 것 두 가지를 소개한다.

### (1) 과정을 공유하라.

내가 노력했던 과정을 오픈채팅방에 공유하면, 나를 계속 봐온 멤버들은 내 일을 마치 자기 일처럼 기뻐해 준다. 예를 들어 출판사와 책 출간을 계약했다면, "제가 원하는 출판사와 계약을 했습니다. 모두 여러분 덕분입니다"라고 공유하고, 커피 기프티콘 등 작은 선물을 보내라. 내 노력에 의한 기쁜 일, 잘된 일을 그 성과와 함께 공유하면, 나의 일로 인해 자신도 좋은 일이 일어나길 바라고 상상하며 대리만족을 한다.

### (2) 오프라인으로 직접 만나라.

줌, 웨비나 같은 온라인이 편하고 가까워질 기회도 많지만, 오프라인만큼 나의 색깔을 드러내기 좋은 도구는 없다. 아무리 기계가 인간을 대체한다고 해도 사람의 결, 가치관은 대신할 수가 없다. 오프라인으로 대면하고, 소통하며, 인적(人的) 교류의 힘을 길러라. 예를 들어서 나는 한 달에 한 번씩 〈쿨한 인생 선배〉라는 타이틀로 티타임을 가졌다. 티타임 회비는 모두 다과나 대관료로 사용하고, 오프라인으로 만나 여러 가지 질문이나 힘든 점 등을 함께 나누면 친밀감을 쌓을 수 있다.

***

나는 항상 오픈채팅방 멤버들을 위한 기획들, 현재 나누고 싶은 일들, 앞으로 나아가야 할 방법들을 계속 고민하며 실행하고 있다. 나만의 이벤트가 아닌 모든 멤버에게 도움 주는 전략을 짠다는 사실을 오픈채팅방에 계속 공지하고 소통하며, 오프라인 모임으로 이어가라.

08

# 오픈채팅방 찐팬 만들기

누구나 자신이 아프거나 힘들 때면 가장 먼저 가족을 찾는다. 가족은 내게 무조건 도움을 줄 거라는 믿음이 있기에 기댈 수 있다. 오픈채팅방에서도 마찬가지이다. 내가 도움이 필요할 때 내 '찐팬'이 있다면 채팅방의 분위기는 따뜻해진다.

내가 운영하는 오픈채팅방은 강의를 판매하는 채팅방이다. 그래서 강의 판매(유료, 무료) 이야기가 주를 이룬다. 그 외의 이야기가 오갈 때는 찐팬들이 운영 규정 등을 언급하며 소통한다. 방장이 언급하는 내용이 아니기에 다른 멤버들이 보기에도 이 채팅방은 소중하다고 인식하게 된다.

실제로 나의 채팅방에서 이루어지는 현상이다. 날마다 열심히 사는 내 모습과 톡 속에 오가는 내용들을 본 내 찐팬들은 오픈채팅방의 목적이 사업화와 수익화이지만, 언제나 채팅방이 존재하기를 바라는 마음으로, 나를 대신해 활동해주고 있다.

다음은 내 오픈채팅방의 찐팬이 공지를 업데이트한 것이다.

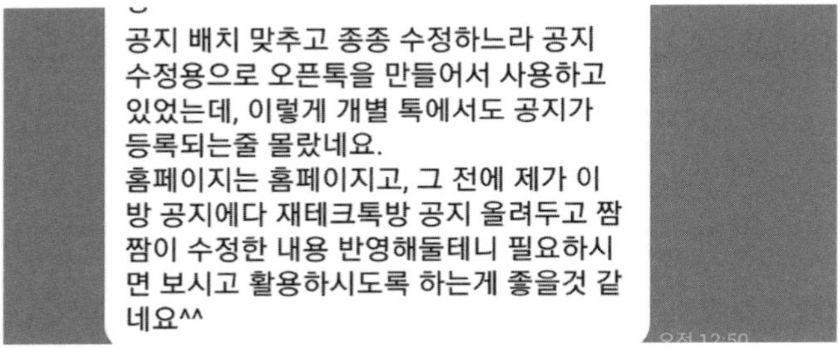


내가 바쁠 것 같아서 나를 대신해 올린 것으로, 이런 찐팬이 있기에 다른 멤버들도 규정을 잘 지켜나가고, 온라인이지만 서로 온기를 느끼며 나아갈 수 있다.

오픈채팅방에서 찐팬을 만드는 방법은 다음과 같다. 아무리 강의를 판매하기 위한 전략이라고 해도 고퀄리티의 강의 구성, 강의를 런칭한 배경, 강의 후 안내 과정, 그리고 방장의 강의 런칭 과정을 솔직하고 가감 없이 보여준다. 이런 과정에서 사람들은 함께 공감하고 반응한다.

실제로 나는 이런 과정을 통해서 약 5개월 동안 런칭한 21개의 강의를 마감할 수 있었다(3백 명 정원으로 모두 30분 만에 선착순 마감했다).

전자책의 내용은 고객이 궁금해하는 것을 직접적으로 해결해줘야 한다. 내가 하고 싶은 말이 아닌 고객이 듣고 싶은 말, 고객이 해결하고 싶은 것에 대한 구체적인 방법론이 들어있어야 한다.

책의 내용도 중요하지만, 그 외에 신경 써야 할 부분이 있다. 책 제목을 잘 만들어야 하며, 판매할 때 보여지는 섬네일의 헤드카피, 그리고 상세페이지에서 강조해야 할 부분을 잘 뽑아내야 한다.

고객이 전자책을 구매하는 과정을 생각해보자. 가장 먼저 자신의 문제점을 해결하기 위해서 해당 키워드를 검색한다. 그다음 검색된 전자책들의 제목과 섬네일을 보면서 가장 끌리는 상품 순서로 들어간다. 그리고 하나씩 해당 상품의 상세페이지를 보면서 자신이 원하는 내용이 들어있는지 확인한다.

또 고객 후기를 통해 다른 고객들은 이 책을 읽고 만족했는지 살펴본다. 이렇게 고객의 구매 과정을 생각하고, 내 상품을 검색한 고객이 각 과정에서 구매로 이어지는 요소들을 담고 있는지 확인하라.

■ 전자책 제목 만들기

전자책의 제목을 명확한 수치로 표현하는 게 좋다. 예를 든다면 《1개월에 블로그로 3백만 원 버는 치트키》처럼 자극적인 제목과 블로그 수익화에 관한 내용이 있어야 한다. 다른 사람들은 모르는 자신(필자)만의 노하우를 담으면 된다.

■ 전자책 가격 책정하기

전자책은 제작비가 안 들기 때문에 이것저것 많은 시도를 빠르게 해볼 수 있다는 장점이 있다. 전자책의 내용과 분량을 조절하여 저가 · 고가로 만들거나 다른 플랫폼에서 판매해서 테스트하는 것도 좋은 방법이다. 처음부터 고가의 전략을 세우기보다는 먼저 저렴하게 판매해서 판매율과 만족도가 높게 나오도록 설계해야 한다. 그래야 고가의 상품도 판매가 잘된다.

■ 표지 디자인과 상세페이지

전자책의 표지 디자인도 매우 중요하다. 표지 디자인에 따라 나(저자)를 전문가로 보이게 하거나 해당 전자책이 고급스러워 보인다. 무료디자인 플랫폼(미리캔버스, CANVA)도 있지만, 가능한 한 전문가(표지 디자이너)에게 의뢰해서 눈에 잘 띄는 표지 디자인을 만드는 것이 좋다. 고가를 받기 위해서는 포장(표지 디자인)에도 신경 써야 한다.

표지 디자인이 완성되면 이 상품을 고객들에게 어필해야 한다. 상세 페이지에 어필 내용이 잘 담겨있어야 한다. '내가 이 책을 왜 집필했는지', '이 책을 읽으면 고객의 어떤 문제를 해결해줄 수 있는지'의 내용이 들어간 상세페이지가 좋다.

### ■ 나 자신을 브랜딩하기

마지막으로, 전자책을 잘 파는 가장 강력한 방법이 있다. '내(저자)가 유명해지는 것'이다. 그러면 제목이나 상세 페이지와 상관없이 무조건 잘 팔릴 수밖에 없다. 이것이 바로 나를 브랜딩하고 찐팬을 만들어야 하는 이유이다.

***

**어떻게 해야 전자책이 잘 팔리는지 감을 잡았다면, 자신의 콘텐츠를 전자책으로 출간해보도록 하자. 오픈채팅방 수익화를 위해서 필수인 전자책, 지금 바로 실행하는 것이다.**

02

# 돈 되는 전자책 콘셉트 잡기

전자책은 출간 목적에 따라서 출간 플랫폼이 달라진다. 크게 크몽, 유페이퍼, 텀블벅, 와디즈펀딩에서 많이 출간하는 추세이다. 플랫폼마다 저마다의 색깔이 있어 잘 팔리는 주제가 다르고, 수수료도 다르니 내 전자책의 콘셉트에 맞는 플랫폼을 찾는 것도 중요하다.

전자책 콘셉트는 고객의 입장, 즉 고객이 궁금해하는 것과 내가 줄 수 있는 것을 생각한다. 그중에서 고객에게 이익(수익화, 재미)을 주는 콘셉트가 잘 먹힌다. 우선 내가 잘 아는 것, 또 사람들이 내게 자주 물어보는 것 리스트를 적어본다. '고객의 관심사'와 '나의 경험과 재능'이 맞아떨어지는 교집합을 찾아야 한다.

우리는 문학책이 아닌 실용서를 내는 것이므로, 기존에 없는 새로운 것을 만드는 것이 아니다. 즉 전자책은 독자들의 고민(결핍)을 해결해주는 매뉴얼 같은 책이다. 확실한 독자 타깃이 있는 만큼 두루뭉술한 내용이 아닌, 그들의 고민에 대해 나만의 해결책을 제시할 수 있는 주제이어야 한다.

'수익화를 위한 전자책'이라면 크몽 같은 재능기부 플랫폼에서 소소하게 팔리는 것을 경험해 본다. '브랜딩을 위한 전자책'이라면 유페이퍼에 등록 후 ISBN을 발급받고, 인터넷서점(교보문고, 예스24, 알라딘)과 연계해 판매한다. 그밖에 텀블벅이나 와디즈 펀딩을 통해서 미리 고객을 확보한 후 마감일을 정해서 책을 쓰는 것은 이른 시일 내에 결과를 내는 방법이다.

전자책의 주제와 그에 적합한 플랫폼을 찾았다면, 그 플랫폼의 카테고리를 분석한다. 내가 들어갈 카테고리에서 잘 팔리는 전자책은 어떻게 집필했고, 어느 정도 분량이며, 얼만큼의 가격을 책정했는지 살펴본다.

경쟁 도서의 목차도 살펴보고, 리뷰를 통해 고객 반응은 어떤지, 얼마나 판매가 되었는지 등을 분석하라. 내 책과 경쟁이 되는 책을 분석하는 것은 중요하다. 분석을 통해서 좋은 점은 취하고, 아쉬운 점은 보완해서 기존의 책보다 더 나은 책을 출간한다는 목적을 가지고 시작하라.

다시 한번 말하지만, 글을 쓰는 것과 책을 만드는 것은 크게 다르다. 전자책은 독자에게 이익을 주는, 독자들이 원하는, 즉 독자들의 고민을 해결할 수 있는 실용적인 내용을 담고 있어야 한다.

나(저자)의 경험과 지식으로 얻은 노하우를 고객에게 전달해야 하기에 원고도 어렵지 않게 써야 한다. 즉, 신이 나서 내 옆에 있는 친구에게 얘기하는 것과 같은 느낌으로 집필한다. 원고 분량을 채우기 위해서 머리를 쥐어짜고 고민하면서 나오는 원고가 아니라 나의 노하우를 즐겁고 신나는 기분으로 술술 풀어주는 느낌이면 좋다.

03

# 하루 만에 제목과 목차 만들기

전자책의 콘셉트를 정했다면 그에 적합한 책 제목과 목차를 만들어야 한다. 책 제목과 목차는 전자책의 판매를 결정짓는 가장 중요한 요소다. 책 제목을 어떻게 짓느냐에 따라서 베스트셀러가 되거나, 아무 관심을 못 받고 사라지기도 한다. 책 제목에는 이 책의 콘셉트와 방향성과 함께 고객의 베니핏(Benefit)이 드러나야 한다.

고객들의 마음을 사로잡을 수 있는 책 제목을 단번에 생각했다면 성공이다. 하지만 이런 경우는 정말 드물며, 책 제목을 짓기가 막막할 것이다. 이럴 때는 먼저 다른 책들(유사도서)의 책 제목을 살펴보자. 특히 잘 팔리는 책의 제목을 살짝 비틀어서 나의 키워드로 만드는 것을 추천한다.

### ■ 책 제목 비틀기 예시

책 제목을 만들 때 무에서 유를 생각해 내는 것은 쉽지 않다. 이럴 때 많이 이용하는 것이 다른 베스트셀러의 책 제목, 영화 제목 등 사람들의 머릿속에 기억되기 쉬운 것을 참고하여 나에게 맞게 바꾸는 것이다.

예를 들어 재테크에 대한 책을 집필하고 있어서 제목을 만들어야 한다고 가정해보자. 그럼 온라인 서점에서 '재테크'라는 키워드로 검색해서 판매되는 책들의 제목을 살펴보고 나의 타깃, 콘셉트, 주제에 맞게 변경해주면 된다.

**예시) 월급쟁이 재테크 → 엄마의 재테크**

제목에서 아이디어를 찾을 수도 있고, 목차에서 찾을 수도 있으며, 책 소개 문구에서 찾을 수도 있다. 책뿐만이 아니라 잡지, 신문, 전단지 등 우리 눈에 뜨이는 모든 것이 아이디어가 될 수 있고, 그것을 나의 책에 맞도록 비틀기를 해서 다른 사람들에게 꽂히는 책 제목을 만들 수 있다.

책 제목을 많이 만들수록 좋은 제목을 만들 수 있다. 처음엔 30개를 만들고 그중에서 선별해 20개, 10개로 줄이면서 최종적으로 하나를 결정한다(책 제목 설문이나 투표를 받는 것도 좋다).

책 제목을 정했다면 이제 목차를 만들어야 한다. 목차 역시 아무것도 없는 상태에서 만드는 게 쉽지 않다. 이 또한 다른 책의 목차를 참고하면 훨씬 수월해진다. 다른 책의 목차를 그대로 따라 하는 게 아니라, 유사도서의 목차를 살펴보고 아이디어를 얻은 후 나에게 맞게 바꾸는 것이다.

한 권의 책이 아닌 여러 권의 다양한 책을 참고하면 다양한 목차를 만들 수 있다. 목차는 최소 5배 이상으로 넉넉하게 뽑아낸다. 예를 들어 20개의 목차를 염두에 두었다면 최소 100개, 200개의 목차를 뽑은 후 고르고 골라서 최선의 목차 구성을 완성하면 된다.

■ **목차 만드는 순서**

① 전자책의 주제와 관련된 모든 키워드를 떠올리며 메모한다(순서나 중요도 상관없이 다 적는다).

② 키워드들을 정리한다(순서와 주제에 따라 분류한다). 중요하지 않은 키워드는 별도 분류해서 부록으로 만들어도 좋다.

③ 핵심(주제) 키워드에 살을 붙여서 매력적인 문구로 만든다. 이때 마케팅적 관점에서 고객의 시선을 끄는 카피라이팅 능력을 발휘하면 좋다.

④ 서론, 본론, 결론의 구조대로 목차 구성을 완성한다.

요즘에는 챗GPT를 활용하여 책 제목과 목차를 만들 때 도움받기도 한다. 내가 생각하지 못했던 아이디어를 얻을 수 있다. 그런데 챗GPT는 '질문을 어떻게 하느냐'가 중요하다. 그 질문에 따라 만족스러운 결과를 얻거나, 그저 그런 일반적인 결과를 얻는다. 이런 질문을 프롬프트(Prompt)라고 한다.

프롬프트에 내가 누구인지, 어떤 목적으로 전자책을 쓰는지, 어떤 결과를 얻었으면 좋겠는지를 명시한다. 그다음 기존의 베스트셀러 책들을 참고하여 '책 제목 10개를 만들어주세요'라고 명령하면 된다. 목차 역시 '○○를 핵심 메시지로 전달하고 싶은데, 그에 맞는 목차를 만들어 달라'라고 프롬프트를 넣으면 된다. 다음 장에 챗GPT 활용법을 자세히 설명하겠다.

04

# 챗GPT로 단시간에 전자책 완성하기

챗GPT는 2019년에 GPT(Generative Pre-trained Transformer)를 기반으로 개발되었으며, 광범위하게 수집한 데이터를 기반으로 사전 학습되어 주어진 질문에 문장으로 생성된 답을 제시하는 인공지능이다. 이런 챗GPT의 등장은 온라인 비즈니스를 하는 사람들에게 더 많은 가능성을 열어주었다.

우리는 챗GPT를 활용해서 더 많은 일을, 더 빨리 해결할 수 있다. 단 주의할 것은 챗GPT에서 나오는 내용을 그대로 다루면 밋밋한 일반적인 내용이 될 수 있다. 그러니 자신만의 지식과 경험, 해결책이 들어간 전자책이 고객들의 사랑을 받는다는 것을 기억하고, 챗GPT의 결과를 참고해서 자신이 직접 작성하는 것을 추천한다.

또한 챗GPT는 거짓말도 능숙하게 잘하므로 챗GPT의 결과가 정말 믿을 만한지 증명하는 단계도 거쳐야 한다. 챗GPT를 맹신하고 그대로 가져다가 썼다가는 망신당할 수도 있다는 것을 기억하자.

다음은 챗GPT로 전자책을 쓰는 프롬프트이다. 참고하여 자신만의 프롬프트를 만들어서 사용하면 더욱 좋은 결과를 얻을 수 있다. 꼭 자신만의 지식과 경험, 해결책을 추가해야 한다는 것을 잊지 말자.

## ■ 챗GPT를 활용한 전자책 만들기

**1단계**

나는 〈1인 기업의 고객 모집의 어려움〉이라는 문제를 가지고 있는 사람들을 모을 수 있는 리드 마그넷을 고려하고 있습니다. 대상은 깊은 고민 〈모객〉, 〈전환〉, 〈성과〉를 느끼고 있는 사람들로, 〈고객모집의 어려움〉을 해소하고 싶어 합니다. 그들이 관심을 가지고 곧 필요하다고 생각할 리드 마그넷의 내용과 네이밍 아이디어를 10개 생각해주세요.

2단계

〈1인 기업의 고객 모집의 어려움〉을 해결하고 싶은 〈모객의 어려움〉에 지친 사람을 모으기 위한 리드 마그넷으로 〈단골고객을 만드는 '멤버쉽프로그램' 설계하기〉를 결정했습니다. 각 장에서 전달하는 내용과 핵심 메시지를 이 eBook 챕터로 간략하게 작성해주세요.

3단계

리드 마그넷 〈1인 기업의 고객 모집의 어려움〉의 장은 아래에서 결정되었습니다.

챕터 구성
〈서론: 멤버십 프로그램의 중요성〉
〈타깃 고객 이해하기〉
〈멤버십 모델의 종류〉
〈가치 제공: 멤버십의 핵심〉
〈멤버십의 가격 책정〉
〈프로모션과 마케팅〉
〈운영과 관리〉
〈데이터 분석으로 성과 측정하기〉
〈케이스 스터디〉
〈결론: 당신의 멤버십 프로그램 시작하기〉

먼저 제1장 〈서론: 멤버십 프로그램의 중요성〉의 본문을 작성해주세요. 문장은 비전문가도 이해하기 쉽고, 구체적인 사례를 포함한 설명문으로 만들어주세요. 문체는 친근하면서도 성실한 느낌이어야 합니다.

05

# 눈길을 사로잡는 표지, 잘 팔리는 상세페이지 만들기

전자책 원고 집필을 끝내면 몇 번의 퇴고를 거쳐 완성본(PDF)을 만든다. 그다음 해야 할 일은 고객의 눈길을 사로잡는 표지와 잘 팔리는 상세페이지를 만드는 것이다. 어떤 면에서는 원고 집필보다 표지와 상세페이지를 만드는 것이 더욱 중요하다. 쉽게 말하면 예쁜 옷을 쇼윈도에 진열해서 '나를 사가세요'라고 하는 것과 같다.

요즘에는 미리캔버스나 CANVA 같은 디자인 플랫폼이 잘되어 있어서 누구나 전문가만큼 표지 디자인과 상세페이지를 만들 수 있다. 하지만 나는 전문 디자이너에게 외주로 맡기기를 권한다. 물론 자신이 디자인과 색채 감각이 있다면 직접 해도 된다. 핵심은 그만큼 표지와 상세페이지의 퀄리티가 중요하는 것이다.

디자인 플랫폼에서 템플릿을 이용해 만들 경우, 내 전자책과 비슷한 디자인을 여기저기서 많이 볼 수 있다. 게다가 디자인 실력이 형편없다면 전자책의 내용이 아무리 좋아도 자칫 아마추어 작품으로 평가절하될 수 있다.

디자인 전문가는 스스로 검색해서 찾아보는 게 가장 안전하다. 크몽에 '표지디자인'이라고 검색하면 여러 프리랜서 디자이너가 올린 상품이 검색된다. 그중에서 적당한 가격대와 디자인 능력을 참작해서 의뢰하라. 인스타그램에 검색해도 많은 전자책 표지 디자이너를 찾을 수 있다.

표지 디자이너를 선정했으면 함께 상의하며 내 책에 예쁘고 멋진 옷을 입혀라. 저자에게 자신이 출간한 책은 자식과 같다. 내 자식에게 예쁜 옷을 입혀서 고객들의 눈길을 끌고 사랑받을 수 있도록 준비하자.

전자책의 상세페이지는 표지 디자인과 제목에 이끌린 고객들에게 '왜 이 전자책을 구매해야 하는지', '어떠한 내용을 담고 있는지' 등 구매 욕구를 자극해서 구매로 전환될 수 있도록 만들어야 한다. 그런데 상세페이지는 디자인도 중요하지만, 기획이 더 중요하다.

스토리텔링 기법으로, 내(저자)가 이 전자책을 쓴 이유를 소개하면서 고객이 내 전자책을 읽었을 때 '나도 할 수 있다'라는 동기부여가 일어나 구매하게 만드는 전략이 상세페이지에 들어있어야 한다. 즉 '이 전자책을 왜 썼는지' 자신의 기획 의도를 밝힌다. 거꾸로 말하면 '당신에게 이 전자책이 필요한 이유, 전자책을 구매해야 하는 이유'가 상세페이지에 녹여져 있어야 한다.

또한 이 전자책을 읽으면 어떤 변화가 일어나는지, 어떠한 도움을 줄 수 있는지 등 고객의 결핍된 부분이나, 고객이 가진 문제의 해결책이 제시되어 있다는 것을 표현한다. 어떤 사람이 이 전자책을 보면 좋은지 추천 대상이 명시되어 있으면 좋다.

이 책을 먼저 읽고 변화한 사람, 성과를 낸 사람들의 후기가 들어가도 좋다. 고객들에게 '이 책을 읽으면 당신이 상상하고 원하는 모습이 될 수 있다'라는 것이 머릿속에 연상되도록 상세페이지를 만들면 구매 전환율이 높아진다.

06

# 전자책 플랫폼을 활용해 자동화 수익 만들기

전자책 출간의 목적과 콘셉트를 고려하여 등록할 플랫폼을 정해야 한다. 크몽, 유페이퍼, 텀블벅, 와디즈 등 다양한 플랫폼 중에 가장 효과를 극대화할 수 있는 플랫폼을 선정한다. 플랫폼마다 사용자들의 결이 다르며, 잘 팔리는 분야가 다르므로 카테고리에서 잘나가는 상품을 분석해본다.

전자책을 등록할 때 지레 겁먹을 필요 없다. 자신은 컴맹이라며 겁먹고 도전을 꺼리는 분들이 있는데, 플랫폼의 상품등록은 남녀노소 누구나 하기 쉽게끔 기초적인 인터페이스로 구성되어 있다. 등록 전 공지 사항이나 고객센터에 있는 〈상품등록 매뉴얼〉을 읽어보고, 그 순서에 따라 상품을 등록한다.

만약 매뉴얼 대로 했는데 안 된다면 바로 고객센터에 문의하면 된다. 내가 붙잡고서 몇 시간, 며칠을 씨름하는 것보다 고객센터에 전화 한 통으로 너무나 쉽게 문제가 해결될 수도 있다.

요즘에는 사람들이 카카오톡 채팅에 익숙해지다 보니 전화하는 것을 꺼린다. 업체도 인건비 절감에 신경 쓰느라 많은 상담을 ARS, 챗봇이 대신하고 있어서 상담 전화를 걸었다가 속 터지는 경험도 할 것이다. 이럴수록 내 앞에 있는 장애물들을 하나씩 제거한다는 느낌으로 전자책 쓰기, 표지와 상세페이지 디자인하기, 플랫폼에 등록하기 과정을 헤쳐 나가라.

이런 일련의 과정을 거쳐서 플랫폼에 전자책이 등록되면, 그다음 해야 할 일은 잘 팔리도록 열심히 홍보하는 것이다. 하루에도 셀 수 없이 많은 상품이 업로드되기에, 내 전자책 노출이 잘 안 된다. 내 블로그나 SNS에 전자책이 출간되었음을 알리고 구매 URL을 넣어서 홍보하라. 오픈 채팅방에도 구매 링크를 공유하며 '내가 누구인지, 이 전자책에 어떤 내용이 담겨있는지'를 알려주면서 구매를 독려한다.

구매한 사람들에게는 후기 작성을 요청하는 것도 잊지 말아야 한다. '사람들이 알아서 후기를 잘 써주겠지'라고 생각하지 말자. 그런 일은 거의 없다. 구매자들에게 후기 작성을 요청하기 전에 스스로 후기를 작성하는 사람은 극히 드물다. 하지만 상대방의 요청을 받으면 마지못해서라도 꼭 구매 후기를 남긴다. 구매 후기는 예상 고객의 구매를 촉발하는 역할을 하므로, 구매 후기가 쌓이기 전에는 반드시 요청하라.

## *부와 성공으로 이끄는 한마디*

$

우리의 인생은 수많은 도전으로 가득하다.
도전은 성장과 발전을 위한 첫걸음이며,
어려움을 극복하고 새로운 도전을 할 때마다
우리는 더욱 강한 사람으로 성장할 수 있다.
어떤 순간에는 실패와 좌절을 할 수도 있지만,
그것은 더 큰 성공을 위한 과정일 뿐이다.
그러니 어떤 도전이든 자신을 믿고
용기를 내어 도전하라.

_박서인 작가

Chapter 4

# 브랜드 블로그 개설과 운영

01

# 브랜드 블로그란 무엇인가?

네이버 블로그는 잘 알려진 플랫폼 중의 하나이다. 블로그 하나만 잘 키워도 이 블로그를 통해서 내 상품을 홍보할 수도 있고, 공동구매를 진행해서 판매수수료 수익을 낼 수도 있다. 또한 돈을 받고 리뷰 포스팅을 할 수도 있다. 만약 여행 인플루언서라면 공짜로 여행하면서 콘텐츠 제작비(블로그 포스팅 비용)를 추가로 받을 수 있다.

**블로그든, 인스타그램이든, 유튜브든 상관없다. 내가 어느 하나만 잘하면 얼마든지 수익을 창출할 수 있다.**

나는 쇼핑몰을 운영할 때 블로그에 나의 상품과 쇼핑몰을 홍보했다. 지금은 내가 하는 일, 만나는 사람, 강의 소개나 교육생 모집 등을 블로그를 통해서 하고 있다. 네이버 블로그 운영과 글쓰기는 나를 알리고 홍보하는데 가장 큰 밑거름이 된다. 블로그를 개설하고 운영한다면, 블로그 운영 목적을 명확히 해야 한다. 일기처럼 이것도 썼다가, 저것도 썼다가 하는 것은 큰 가치가 없다.

생각해보자. '나는 왜 블로그를 운영하는가? 나의 고객(내 블로그 이웃)들은 누구로 할 것인가?' '그 고객들은 어떤 결핍이 있는가? 내 블로그 포스팅에 어떤 정보를 제공해야 나를 계속 따를 것인가? 내가 판매하는 상품은 어떤 것인가?' 이처럼 상품과 연계된 정보, 상품을 구매해줄 고객들이 원하는 정보를 포스팅하는 것이다.

'잠재고객을 모아놓는다'라는 생각으로 고객들을 찾고, 그들과 관계를 만들어가라. 그다음 '어떤 결과로 전환되고 싶은가?'를 생각하라. '나는 상품을 많이 팔고 싶다. 나는 인플루언서가 되고 싶다. 나는 제품 리뷰 협찬을 많이 받아서 수익을 받고 싶다' 등 명확한 목적을 가지고 블로그를 운영해야 내 시간과 열정의 낭비를 막을 수 있다.

오픈채팅방 수익화를 위해서는 브랜딩 블로그가 꼭 필요하다. 브랜딩 블로그로 나의 전문성을 알리고, 신뢰감을 구축하며, 내가 진행하는 프로그램을 홍보할 수 있다.

내 블로그의 방문객이 하루 1,000명이라면, 내 상품이 1,000명에게 저절로 노출되는 것이다. 또한 블로그 포스팅을 통해서 여러 군데의 오픈채팅방, 네이버 카페에 블로그 링크를 배포하는 것도 가능하다.

스몰 비즈니스를 하는 사람들은 블로그를 통해서 잠재 고객을 모으고, 소통하는 고객을 만드는 데 주력해야 한다. 이웃집 언니, 이웃집 오빠, 이웃집 아저씨가 상품을 판매한다면, 설령 필요하지 않아도 하나 구매해야겠다는 생각이 든다. 또 정말 필요한 상품이라면 가격 비교 없이 매일 블로그 댓글로 소통하는 사람의 상품을 구매할 것이다.

**한 가지, 더 좋은 것은 자연스럽게 후기로 연결된다.**

왜 그럴까? 블로그를 하는 사람들은 날마다 포스팅은 물론 사진 촬영과 콘텐츠 만드는 것에 익숙한 사람들이다. 내가 작성한 포스팅 하나가 상대방에게 도움 되는지 잘 알고 있다. 그래서 자연스럽게 후기로 연결이 되고 바이럴이 일어날 수 있다.

블로그를 처음부터 시작한다면 매일 하나씩 꾸준하게 포스팅하는 게 중요하다(3달, 90일간). 매일 하기 힘들면 2~3일에 하나씩이라도 포스팅하는 습관을 길러라. 이런 습관 만들기를 통해서 글 쓰는 것이 일상이 되고, 이웃들과 소통하는 것이 즐거움이 되어야 한다.

참고로 블로그의 '서로 이웃 추가'는 하루 100명씩 할 수 있다(총 5천 명 한도). 5천 명까지 서로 이웃 늘리기를 목표로 삼고, 매일 늘어난 이웃 수를 확인하면서 목표 달성의 성취감을 느끼는 것도 아주 좋은 방법이다.

이웃들의 블로그 포스팅에 가서 '좋아요(공감 하트)' 누르기와 정성스러운 댓글 달기를 3달(90일)만 해보기를 추천한다. 이렇게 3달을 하면 서로 이웃 5천 명 근처까지 갈 수 있으며, 소통하는 찐고객 1,000명을 만들 수 있다. 이런 작업을 통해서 내 상품을 보고, 구매하며, 소문까지 내주는 시드 고객을 확보했다고 생각하면 된다.

또한 블로그 개설 90일이 지나면 '네이버 애드포스트'를 신청할 수 있다. 애드포스트는 수익성이 그다지 좋은 편은 아니다. 한 달에 치킨값, 아이들 간식값 정도는 따로 노력하지 않아도 블로그 포스팅과 연동되어서 수익이 들어온다.

**이렇듯 블로그 하나만 잘해도 먹고사는 세상이다.**

블로그 글쓰기는 1인 기업가들이나 지식창업자들이 프로그램 안내 페이지를 만들 때, 인스타그램을 할 때, 유튜브 대본을 만들 때, 소스로 사용할 수 있다. 원소스 멀티유즈의 기본이 되는 가장 핵심 채널이다.

무자본 지식창업은 '블로그 + 오픈채팅방 + 전자책' 3

종이 있다. 브랜딩 블로그는 나를 알리고, 나의 상품도 홍보하며, 고객과의 신뢰를 형성하는 초석이 된다. 현재 경력단절로 고민하고 있거나, 육아로 회사 일에 집중할 수 없는 분들, 또는 수익 파이프라인을 통해 디지털 노마드(Digital Nomad)의 삶을 살고 싶다면, 먼저 브랜드 블로그를 개설하고, 포스팅하면서 찐고객을 만들어야 한다.

02

# 기억되는 블로그 명, 브랜드 닉네임 만들기

블로그를 개설할 때 블로그 명과 닉네임이 중요하다. 사람들의 입에 착착 달라붙는 네이밍을 해야 한다. 누구나 한번 들으면 잊히지 않고 기억되는 블로그 명과 닉네임을 만들도록 하자.

가끔 이런 질문을 하는 사람들이 있다.

"블로그 명과 닉네임을 못 정해서요. 아직 시작 못 했어요."

그 중요성만큼 블로그 명과 닉네임 짓기가 쉽지 않으나 망설이지 말고 지금 바로 블로그를 시작하라. 처음에는 내가 되고 싶은 사람, 어린 시절 불리던 별명 등 생각나는 대로 정하고 시작해도 된다. 블로그 명과 닉네임은 언제든지 변경할 수 있으니, 더 좋은 생각이 떠오를 때 바꾸면 된다.

또한 나중에 상표권 등록을 하고 자신만의 브랜드로 발전시킬 수도 있으니 키프리스(특허정보넷) 사이트에서 등록된 이름이 없는지 찾아보는 것을 추천한다.

**키프리스(www.kipris.or.kr)**

블로그 명은 간판과 같은 역할을 한다. 예를 들어 우리가 밥을 먹으러 식당에 간다면, 식당에 들어가기 전에 간판을 보고 어떤 음식을 파는지 유추할 수 있다. 블로그 명에도 어떤 콘텐츠를 다루는지 유추할 수 있는 키워드가 들어가야 한다.

블로그 닉네임을 정할 때는 '무슨 일을 하는 사람인지, 어떤 콘텐츠를 만드는 사람인지' 수식어가 들어가는 게 좋다. 네이버에 검색했을 때 나만 검색되는 이름인지도 확인해봐야 한다. 노래는 제목을 따라간다는 말을 들어봤

지고, 내 블로그 방문자 수가 늘어난다는 것을 기억하도록 하자.

## 2) 상위 노출 글쓰기

내 블로그 방문자 수가 많아지고, 블로그를 통한 브랜딩이 잘되기 위해서는 먼저 키워드 선택을 잘해야 하고, 그 키워드를 사용해서 제목을 만들고, 본문에도 키워드가 적절하게 반복되면 상위에 노출된다.

상위 노출 글쓰기 4단계를 소개한다.

### (1) 제목을 문장형으로 길게 만들지 않는다.

키워드 조합할 때 너무 많은 키워드를 나열하면 안 된다. 키워드 조합은 3개 정도까지만 추천한다. 다음은 '강릉 중앙시장 먹거리' + '강원도 여행코스' + '강릉 핫플' 3개의 키워드를 조합한 것이다.

### (2) 블로그 포스팅은 1,000자 ~ 1,500자가 적당하다.

너무 긴 포스팅은 블로그의 가독성을 떨어뜨리고, 사람

들을 이탈하게 만든다. 특히나 요즘 사람들은 SNS의 짧은 글에 익숙해서 긴 글을 읽지 않는다. 그러니 블로그 포스팅은 너무 길지 않게 1,000 ~ 1,500자 정도를 추천하며, 내가 사용하는 키워드에 집중해서 포스팅해야 한다. 너무 많은 정보를 담고 싶어서 삼천포로 빠지면 안 된다.

### (3) 사진은 최소 7장 이상을 사용하라.

블로그 포스팅 사진은 최소 7장 이상을 사용하고, 15장~20장 정도 사용을 추천한다. 네이버 메인에 추천되려면 최소 7장 이상을 사용해야 하고, 또 검색 시 파노라마 노출이 되려면 7장 이상이어야 한다.

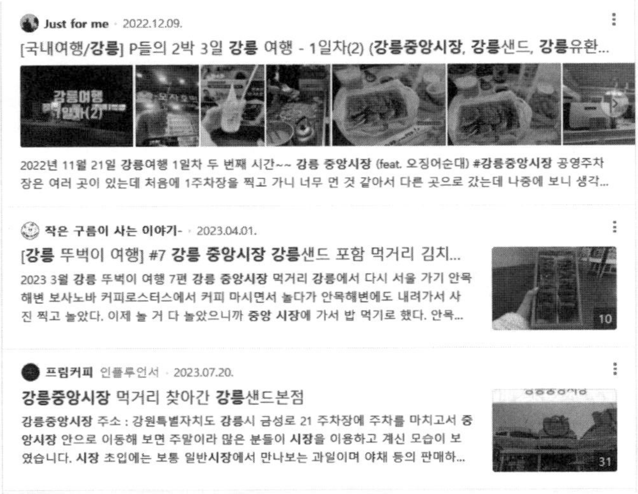

첫 번째 보이는 포스팅이 파노라마 노출된 것이다. 검색 노출시 파노라마 노출(사진 7장)로 보이는 것과 대표 사진 1장이 보이는 것 중에 어느 것이 더 사람들의 눈길을 끌어서 클릭할지 생각해보면 답은 정해져 있다.

**(4) 링크를 걸지 않는다.**

블로그 포스팅에 링크를 걸지 않는다. 특히 외부링크를 걸면 블로그 지수에 악영향을 미친다.

***

내 콘텐츠와 관련된 주제의 키워드를 잘 선정해서 꾸준하게 포스팅하면 블로그 지수도 높아지고, 방문자 수도 많아진다. 결과적으로 블로그로 브랜딩이 되어서 내 사업도 잘되는 선순환이 이루어진다. 또한 블로그 방문자 수가 많아지면 '네이버 인플루언서'에 도전할 수도 있고, 외부에서 협찬 의뢰도 들어오니 또 다른 수입원이 될 수도 있다.

잘 키운 블로그 하나로 직장인 월급 안 부럽게 수익을 창출할 수 있으니 바로 실행하자.

04

# 브랜딩 글쓰기

'브랜딩 글쓰기'란 블로그로 브랜딩을 하고, 전문가로 포지셔닝하여 신뢰감 있는 글쓰기를 말한다. 이런 브랜딩 글쓰기의 최종 목표는 구매 전환, 즉 수익 창출이다. 그러기 위해서는 먼저 '블로그 퍼널'을 만들어야 한다. 퍼널(Funnel)은 '깔때기'란 뜻으로, 브랜딩 글쓰기를 통해서 블로그 퍼널을 만드는 것이다.

다음은 블로그를 통한 마케팅 퍼널이다. (1) **자기 소개글**, (2) **가치 입증글**, (3) **상세페이지 글**은 서로 유기적으로 백링크를 통해서 연동시켜야 한다.

**블로그 지수에 영향을 미치는 요소는**

**'최신성, 인기성, 정보성' 3가지가 있다.**

먼저 **'최신성'**은 예전에 쓴 포스팅보다 최근에 쓴 포스팅에 더 많은 점수를 준다. 매일, 또는 2~3일에 한 번씩 꾸준하게 포스팅을 하는 것을 목표로 삼아야 한다.

그다음 **'인기성'**은 다른 말로 소통이라고도 할 수 있다. 내 블로그에 얼마나 많은 사람이 방문하고, 공감(좋아요) 버튼을 눌러주고, 댓글과 대댓글로 소통을 하는지가 중요하다.

마지막은 **'정보성'**이다. 사람들이 검색할만한 유용한 정보를 포함하고 있는지, 그 정보가 신빙성이 있는지, 또 전문적인지를 판단한다. 이 정보에 자신만의 경험이 포함되어 있으면 더욱 좋다.

어렵고 복잡하다고 느낄 수 있으나 네이버가 어떤 목적으로 운영되는지 본질을 생각하면 쉽게 이해된다. 네이버는 광고회사다. 광고가 수익의 많은 부분을 차지하고 있다. 어떻게 해야 광고 단가가 높아져서 네이버의 수익률이 높아질까? 사람들이 네이버 검색 결과를 신뢰하고, 더 많은 최신정보를 통해서 더 많은 사람이 이용하는 것이다.

이것이 네이버의 목적이며, 그런 정보를 많이 포함하고 있는 포스팅에 점수를 더 많이 준다. 즉 사람들이 원하는 정보를 내 블로그에 많이 포스팅하고, 사람들이 머물면서 소통하고, 체류시간이 길어질수록 내 블로그 지수는 높아진다.

그럼 블로그 지수가 높아지면 무엇이 좋을까? 블로그를 조금이라도 운영해본 사람이라면 내가 작성한 포스팅이 네이버 통합 검색 시 어느 정도 위치에서 노출이 되는지 신경 쓰면서 체크해본 적이 있을 것이다. 우리가 검색 노출에 신경을 쓰는 것은 블로그 방문자 수가 상품구매율에 영향을 미치기 때문이다.

네이버 통합 검색에서 1위~5위 안에 검색 노출이 되는 것을 '상위 노출'이라고 한다. 이 상위 노출에 영향을 미치는 것이 '블로그 지수'이다. 블로그 지수가 높아서 최적화 블로그라면 상위 노출에 상대적으로 유리하다. 농사로 비유하자면 어떤 씨앗을 심어도 풍년이 되는 비옥한 토지를 가지고 있는 것이다.

상대적으로 블로그 지수가 낮다면 글쓰기 솜씨가 월등히 좋다거나, 키워드사용을 잘한다거나, 포스팅의 질이 높아야 상위 노출이 될 수 있다. 블로그 포스팅으로 네이버라는 그라운드에서 상위 노출을 두고 겨루기를 할 때 상대적으로 우위에 있다고 생각하면 된다.

또한 내가 블로그를 어떤 목적을 가지고 운영할 때 방문자 수와 상위 노출이 잘되는 것이 중요하다. 비즈니스를 하는 사람이라면 홍보목적으로 블로그를 운영할 수 있는데, 상위 노출이 잘되는 블로그를 가지고 있다면 굉장히 유리한 위치에 있는 것이다. 병원, 변호사, 세무사 등 특정(전문가) 영역에서 상위 노출 전쟁이 일어나는 이유이기도 하다.

또한 온라인 비즈니스의 가장 기본이 되는 플랫폼은 블로그로, 우리가 유용하게 사용할 수 있다. 블로그에서 나를 브랜딩하고, 나의 강의를 홍보하고, 블로그 포스팅을 여러 곳에 공유하면서 내 사업이 확장되기 때문이다. 그러니 블로그 운영 목적을 명확하게 하고, 어떤 사람을 위해 글을 쓰는지 잠재 고객을 생각하면서 꾸준하게 포스팅하라.

06

# 블로그 섬네일 만들기

블로그의 섬네일은 네이버 로직에 따라 필요성이 달라진다. 섬네일에 글이 있으면 상위 노출이 안 된다는 설도 있다. 하지만 지식창업을 해서 강의를 하고, 인터넷 비즈니스를 하는 사람들에게 텍스트가 들어간 섬네일은 꼭 필요하다. 오픈채팅방에 홍보할 때 어떤 주제의 강의인지 사람들의 시선을 사로잡을 수 있기 때문이다.

블로그 프롤로그

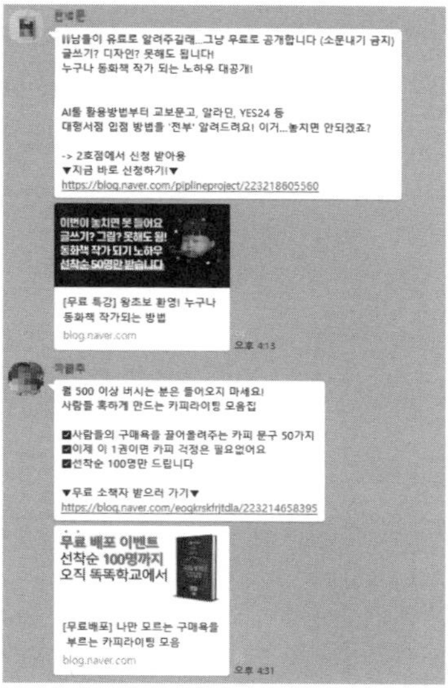


오픈채팅방 홍보

초보자도 미리캔버스(https://www.miricanvas.com)나 캔바(https://www.canva.com) 사이트를 이용하면 전문가 같은 멋

진 섬네일을 만들 수 있다. 섬네일은 인스타그램에도 함께 사용해야 하므로 1,080x1,080픽셀의 정사각형 템플릿을 사용하는 것이 좋다. 이런 콘텐츠 제작은 '원소스멀티유즈(One Source Multi Use)'에 기반하라. 즉 하나의 콘텐츠로 여러 개의 플랫폼에 홍보하는 습관을 길러야 적은 시간에 더 많은 홍보 효과를 낼 수 있다

처음에는 무료 사이트를 사용하며 본인이 이용하기 쉽고, 콘텐츠의 톤앤매너(Tone & Manner, 일관되고 정제된 콘셉트)가 맞는 사이트와 템플릿을 찾아본다. 이후에는 유료 서비스를 결제해서 조금 더 수준 높은 섬네일에 도전하라. 사람의 눈높이는 거의 비슷해서 '괜찮다' 싶은 것은 유료 템플릿인 경우가 많다. 괜히 무료를 찾다가 시간을 허비하기도 하니 투자할 곳에는 과감하게 투자하라.

섬네일을 스마트폰으로 만든다면 글씨팡팡 앱을 추천한다. 처음에는 익숙하지 않겠지만 이것저것 사용하면서 손에 익히고, 자신에게 맞는 것을 스스로 찾아가는 과정이 필요하다.

처음 시작한 사람들은 지레 겁을 먹고, 무조건 질문을 하는 경우가 많다. 하지만 미리캔버스든, 캔바든 사용자 인터페이스는 거의 비슷하다. 누구나 사용하기 쉽게 만들었으니 이것저것 눌러보면 어떤 기능인지 이해가 될 것이다.

게다가 우리 곁에는 '유튜브 선생님'이 있다. 잘 모르거나 궁금한 것은 검색하면 수많은 영상이 나오니 하나씩 익혀나가는 것도 좋은 방법이다. 언제나 자신을 믿고 '나도 할 수 있다'라는 마음으로 도전하라.

07

# 고객 DB를 모으는 구글 폼 만들기

나의 지식과 경험, 콘텐츠를 강의하고 싶다면, 먼저 강의 주제를 정한 후 블로그 포스팅을 한다. 대개 초보자는 이 단계에서 '다음에 해야지, 좀 더 공부하고 해야지, 더 완벽해지면 해야지' 등 많이 망설이면서 시간을 지체하고 급기야 포기하는 경우가 많다. 하지만 이 고비를 넘어야 한다.

강의하기로 결심했다면 우선 공지부터 하자. 언제, 어디서, 어떤 주제의 강의를 하겠다고 블로그 포스팅하는 것이다. 여기서 중요한 것은 고객의 DB를 수집하는 것으로, 고객명, 전화번호, 이메일 주소 3종 세트가 매우 중요하다. 나의 잠재고객이며 추후 마케팅 용도로 활용할 수 있기 때문이다.

구글 폼에는 이 3종 세트 외에도 고객의 수준을 알 수 있는, 즉 강의에 도움이 되는 정보들을 수집할 수 있는 질문을 넣는 게 좋다. 이때 주의할 것은 '개인정보 활용 동의'를 받는 것이다. 개인정보 활용 동의를 받지 않고 마케팅을 위해서 이메일을 보내거나 문자를 보내면 개인정보 보호법 위반으로 처벌받을 수 있다.

[개인정보 수집 및 활용]에 동의

1. 개인정보의 수집과 이용 목적 : 강의 줌링크 제공 및 이벤트 정보, 콘텐츠 이용. 무료 강의 안내/전자책 제공을 위한 자료 활용
2. 수집하려는 개인정보 항목 : 이름, 이메일, 전화번호
3. 개인정보의 보유 및 이용 기간 : 2년 (구독 취소 및 개인정보 파기 요청 시 즉시 파기)
4. 개인정보를 제공 받는 자 : 이루다 (서인의 비즈니스 스쿨)

○네, 동의합니다

○아니요, 동의하지 않습니다

구글 폼을 이용하여 위와 같은 '고객DB를 수집하는 링크'를 블로그 포스팅에 삽입한다. 또한 고객을 오픈채팅방에 유입시키는 것도 중요하지만, 가입된 오픈채팅방이 너무 많아서 구글 폼만 작성하고 오픈채팅방은 들어오지 않기도 한다. 이런 경우에는 블로그 포스팅에 구글 폼 링크를 걸지 말고, 오픈채팅방 링크만 걸어서 오픈채팅방으로 유입시킨 후, 오픈채팅방 공지나 방장봇을 통해서 구글 폼을 작성하게 할 수도 있다.

08

# 포스팅 하나로 강의, 오픈채팅방 연계하기

처음 강의를 시작할 때는 무료 특강부터 하는 것을 권한다. 무료로 듣기 때문에 사람들이 부담 없이 신청할 수 있고, 많은 사람에게 내가 어떤 사람인지 신뢰감을 줄 수 있다. 그래서 강의를 기획할 때는 '무료 특강 주제, 특강을 할 때 줄 오퍼(선물), 유료 정규강의 주제와 커리큘럼, 수강료' 등을 미리 설계한 후 무료특강 포스팅하는 게 좋다.

무료 특강의 목적은 많은 사람들에게 내가 가진 것을 보여주는 것이다. 가장 자신이 있는 분야를 직접 강의하거나 트렌드에 맞춰서 사람들이 관심을 둔 분야를 찾고, 그 분야의 강사를 섭외할 수도 있다. 중요한 것은 사람들이 관심을 가지고 많이 신청해야 한다.

따라서 많은 사람의 관심과 신청을 이끌어내는 포스팅을 작성할수 있어야 한다. 강사의 스토리나 성과, 강의 들은 사람들의 베니핏(혜택)을 간결하고 설득력 있게 쓴다. 너무 긴 글은 제대로 읽지 않고 스킵하는 경우도 있으니, 1,500자 분량에 담아보도록 하자.

제목과 섬네일에 호기심을 자극하는 카피라이팅을 통해 우선 클릭을 유도하고, 포스팅 내용으로 설득을 하는 게 중요하다. 즉 이 강의를 들었을 때 어떤 고객의 성장이 있는지, 어떤 선물(전자책 등)을 받을 수 있는지 등 호기심을 자극하면서 고객(수강생)의 이익을 강조한다.

이런 블로그 포스팅은 전단지와 같은 역할을 한다. 검색 노출을 통해서 사람들이 읽기도 하지만, 잠재고객들이 모여있는 오픈채팅방에 나의 포스팅을 공유해서 더 많은 사람이 볼 수 있도록 한다. 포스팅에 고객정보를 얻을 수 있는 구글 폼과 오픈채팅방으로 유입하는 링크를 삽입하는 것이 중요하다.

정리하면 다음과 같다.

**무료특강 포스팅 → 타 오픈채팅방 홍보 및 다른 플랫폼 유료광고 → 나의 오픈채팅방 유입**

나의 오픈채팅방에는 공지를 띄우고, 신규 멤버가 들어올 때 방장봇의 알림을 통해서 무료 특강 포스팅이 수시로 노출되고, 사람들이 신청할 수 있도록 한다.

Chapter 5

# 강의 하나로 수익화하는 방법

## 01

# 일타 강사 섭외 노하우

강의를 기획할 때 의외로 강사님을 구하는 게 쉽지 않다. 처음에는 유명한 분을 강사진으로 모시면 좋겠다 싶어서 유명한 부동산, 부업, 자기 계발 강사님들을 물색했다. 그러나 현실적으로 유명한 분들은 섭외도 어렵고, 처음 시작하는 플랫폼에서 큰 비용을 드리기도 힘들었다. 또한 강의를 모객했을 때 개런티를 줄 수도 없고, 우리 플랫폼으로 모시기도 어려웠다.

한번은 유명 강사님을 모셨는데도 유료 강의로 많이 이끌지 못했다. 이 일로 나는 '유명 강사님이라고 해서 꼭 구매 전환(강의 판매)으로 이어지는 건 아니다'라는 걸 경험했다. 그 후로 유명 강사님들을 모시는 데 애쓰지 않았다. 유명한 분들은 그만큼 강의료 부담도 있어서 다른 방법을 마련했다.

여러 방법을 찾다가 내가 선택한 것은 책을 출간한 작가님들이다. 최근에 책을 출간한 작가님들에게는 체험단, 서평 등의 역할을 해줄 사람들이 필요했고, 나는 강의를 훌륭하게 잘 이끌어 줄 강사님들이 필요했다. 서로의 도움이 필요한 상태라 작가님과 협업을 시작했다.

나는 책 판매와 찐후기가 필요한 작가님에게 서평단을 꾸려주고, 진정성이 담긴 후기를 준비해 드렸다. 강의하지 않았는데도 먼저 적극적으로 활동한 나의 실행력을 본 작가님들은 놀라워했으며, 바로 강의로 연결할 수 있었다. 꼭 필요한 분에게 가장 효과적인 책 서평을 선물로 드리고, 이것을 통해 진정성, 감동을 느끼신 작가님들은 흔쾌히 나의 플랫폼에서 무료, 유료 강의를 직접 해주셨다.

역시나 놀랍게도 이런 윈윈(Win-win) 전략은 매출로 직결되었다. 여러분도 무언가를 할 때 상대방(강사님)이 가장 필요한 것을 제안하라. 꼭 필요한 상태에서 도움 되는 제안은 무조건 협업으로 이어지는 마법을 맛볼 것이다.

02

# 인기 있는 강의, 강사 찾는 방법

사람들에게 인기 있는 강의나 강사는 곧 매출과 직결된다. 그런데 내가 생각하는 잘 팔리는 강의와 대중이 원하는 잘 팔리는 강의는 다르다. 어떤 강의가 잘 팔리는지는 실제 시장에 던져봐야 안다. 그렇지만 아무 준비 없이 시장에 내놓을 수 없는 노릇이다. 그러니 사전 테스트 후 진행하자.

시장에 내놓기 전에 필요한 3가지는 다음과 같다.

### (1) 오픈채팅방의 성격을 파악하라.

똑같은 부동산 재테크 오픈채팅방이어도 저마다 성격

이 다르다. 예를 들어 2030 세대와 4050 세대, 남자보다 여자가 더 많은 경우, 가정주부보다 워킹맘이 많은 경우 등 구성원에 따라 채팅방의 성격이 다르다. 그러니 내 오픈채팅방의 성격을 파악하는 게 중요하다. 그에 따라 모집하려는 강의의 색깔도 다르니 오픈채팅방에 분포한 대상을 확인해야 한다.

### (2) 고객이 원하는 강의를 직접 물어봐라.

강의 런칭 전에 고객이 어떤 강의를 원하는지 조사하라. 2주에 한 번씩 설문지를 통해 어떤 강의를 원하는지 직접 물어본다. 고객이 원하는 강의를 런칭하고, 함께 실행하는 분위기를 만들면 수강생의 만족도도 올라갈 뿐만 아니라, 수익화하는 강사님의 만족도 역시 올라간다. 내 경우, 강의 설문지를 돌리자마자 대답해주는 수강생들에게 아이스 아메리카노 같은 선물을 함께 전달했다. 그 결과 대부분의 수강생이 기꺼이 설문조사에 응해주었다.

### (3) 시의성에 맞는 강의를 런칭하라.

부동산이 하락장이 온 2023년 상반기에 부동산 관련 강의는 팔리지 않았다. 특히 수익률과 직결된 상가나 지식산업센터 등의 내용은 더욱 팔리지 않았다. 오히려 부업, 직장 퇴근 후 소일거리, 자기 계발 등의 강의가 잘 팔렸다. 경제가 어렵고 금리가 높아짐에 따라 소비를 절제했기에 돈을 모으는 강의가 훨씬 인기가 많았다.

| | | |
|---|---|---|
| 60/서울 | 7월18일 내용과 같은 월 현금흐름을 만들 수 있는 내용 | 7월18일 내용보고 입장했는데 이 외 모두 마감으로 돼 있는데 신청 불가인가요? |
| 50대/서울 | 월백공간대여 | 강의가 18일이 마감이면 신청할 수 있나요? |
| 30대/서울 | 부동산 투자 | 완전 초보입니다 좋은 배움 나눠주셔서 감사합니다<br>많이 배워 가겠습니다 |
| 30대 경기도 | 부동산투자 | 좋은 예시를 좀 다양하게 많이 봤으면 좋겠어요 실제예시 |
| 50 | 지분경매시 현 시세파악하는법 | 지분경매시 땅에대해 시세파박하는 방법이 궁금합니다 |
| 50 | 부동산 투자 | 뭐든 듣고 배우고 실행하고 싶습니다. |
| 30대/경기 | 부동산 투자/소액으로 투자 | 대출로 열심히 부동산에 투자중인 평범한 맞벌이 부부입니다. 이제는 현금이 그렇게 많지 않은데 주식도 하고는 있지만 좀 더 유용하게 쓰고싶습니다. 대략적으로는 알고 있지만 구체적인 방법이나 실사례가 궁금합니다. |
| 40대/서울 | 부동산, 트렌드, 자기계발 | |
| 20대 / 강원 | 부동산 투자, 자기계발 | |
| 20대/경기 | 부동산 지분투자 | 부든산 지분투자 노하우 (예) 권리 분석/ 등기부등본 주의 사항 / 상속물건 또는 매매물건 지분 투자 장단점/ 지분투자 시 유의 사항 / 초보가 할 수 있는 지분투자 토지 및 주거용 |
| 40대/예천 | 부동산  온라인 사업 | |
| 20대 전주 | 회사다니며 할수있는 부업 | 없음 |
| 29부산 | 부동산 | 부산에서 유망지역 입지분석 궁금합니다. 북항개발, 센텀2지구 등 굵직한 개발계획과 이로인한 영향이 궁금해요 |
| 50대/부천 | 회계사가 알려주는 매매사업자 절세 노하우 | |

● 질문 및 듣고 싶은 주제를 남겨주세요.
아래 설문지를 통해 듣고싶은 강의나, 강의와 관련된
궁금한 질문을 남겨주세요. 남겨주신 내용은
라이브 강의, 공지, 강의 보강 등을 통해 정기적으로
반영하도록 하겠습니다.
https://naver.me/I5cWPZ3F

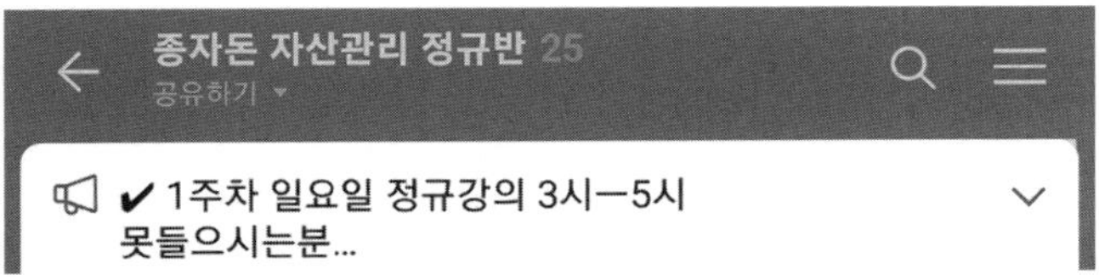


현재 시장에서 일어나는 반응에 따라 가장 적합한 강의를 런칭하는 것이 수익과도 직결된다. 그러니 현재 시장의 분위기를 꼭 파악해야 한다.

03

# 거절할 수 없는 제안하는 방법

'협업'은 여러 사람이 함께 일하면서 효율적으로 목표를 달성하는 것을 말한다. 협업을 통해서 시간과 비용을 절감할 수 있으며, 더 큰 성과를 낼 수도 있다. 이런 협업에도 기술이 필요하다.

다음은 협업의 기술 3가지이다.

### (1) 내가 아닌 상대를 위한 협상을 하라.

내가 먼저 상대에게 제안하는데, 나만 좋은 것을 제안한다면 상대는 어떻게 생각할까? '나는 왜 여기 앉아 있을까?' 싶을 거다. 상대에게 뭔가를 제안할 때 갖춰야 할 태도와 마인드가 있다. '내 것을 기꺼이 내어주라'이다. 나는 상대와 협업할 때, 내가 30%만 가질 수 있으면 그 사업에 동의한다. 생각해보라. 상대는 나와의 협업에서 70% 이득을 얻을 수 있다면, 나의 협업 제안을 거절할 이유가 없다.

물론 정확히 50대 50으로 나누면 좋겠지만, 내가 상대의 비즈니스를 원하고, 가고자 하는 방향에 맞는다면 30%라도 괜찮다. 비록 당장은 30% 이득이지만, 이것이 촉발점이 되어 더 큰 효과를 가져올 것이다. 30% 이득이면 '고(Go)'를 외친다. 상대에게 도움 되는, 즉 '거절할 수 없는 제안'을 하나씩 만들고 실행하라. 당신의 사업은 나날이 단계적으로 커질 것이다.

### (2) 상대가 귀 기울일만한 협상을 하라.

내가 운영하는 플랫폼이 30분 만에 400명 강의 마감을 해도, 협업하려는 상대의 니즈가 내 플랫폼과 맞아야 강의를 할 수 있다. 실제로 내가 겪은 사례를 소개하겠다.

예전에 L 강사님에게 협업을 제안했으나 처음에는 바로 동의하지 않았다. L 강사님이 생각한 연령대가 당사 플랫폼과 안 맞을 수 있다고 생각한 것이다. 그런데 L 강사님은 당시 책을 출간한 지 얼마 안 되었기에 자신의 책을 널리 알리고 싶은 마음이 컸다. 이를 파악한 나는 강의 런칭과 동시에 정규 수강생에게 L 강사님의 책을 증정했다. 책의 비용은 당사에서 처리했다.

또 다른 예로 K 강사님 사례가 있다. K 강사님의 강의 내용(아파트 흐름도)과 당사 플랫폼은 잘 맞았지만, 다른 문제가 있었다. 무료에서 유료 강의로 넘어가는 부분과 유명한 강사님이기에 개런티(최소 인원) 부분을 걱정하셨다. 그러나 이 부분 역시 정규 수강생에게 K 강사님의 책을 증정했고, 결국 강의를 협업하여 런칭했다.

상대에게 거절할 수 없는 제안을 할 때는 무조건 상대가 듣고 솔깃한 이야기, 귀 기울여 어떻게든 협상을 체결하고 싶게 만드는 제안서를 가지고 제안하라. 협상 계약서 작성에 오래 걸리지 않고, 바로 본론을 이야기할 수 있다.

### (3) 내가 현업 종사자임을 강조하라.

누구나 생동감이 더해지면 일의 능률은 물론 큰 성과를 낼 수 있다. 그러면 언제 가장 생동감을 느끼게 될까? 바로 현업 종사자로서 일하고 있을 때다. 내가 매일 보고, 듣고, 일할 때 살아 움직이는 것 같은 기분을 느끼며 더욱 열심히 일할 수 있다.

게다가 현업 종사자는 현재 시장의 트렌드가 무엇인지 잘 알고 있다. 현업 근무자가 아닌 관리자가 되어서 오더(Order)를 내리더라도 현업을 병행하고 있다면, 대중이 원하는 것을 제대로 파악할 수 있다.

04

# 돈 버는 유료 강의 기획법

오픈채팅방에서 판매하는 모든 것에는 전략이 있다. 그저 열심히만 하면 성공한다고 생각하지 않는다. '열심히'는 기본이며, 내가 가려는 방향과도 맞아야 하기에 전략과 기획은 늘 필요하다. 과거 내가 직장인으로서 12년간 직장 생활을 하던 시기에는 '열심히'가 통했다.

그러나 직장 퇴사 후 식당 창업했을 때는 아무리 열심히 해도 결과가 나지 않았다(직장 생활만큼도). 지금은 시간과 노력을 영끌(영혼까지 끌어 모아)해서 투입하는 '열심히'는 의미가 없다. 전략과 기획을 따르면서 열심히 하는 건 기본 베이스로 깔고 가는 업무를 해야 한다.

모든 판매의 1단계는 신뢰부터 시작된다. 내가 믿을 수 있는 사람이며, 믿고 싶은 사람이라는 걸 알리기 위해서 **'무료 → 저가 → 중가 → 고가'** 순으로 판매한다. 세상에 공짜를 싫어하는 사람은 없다. 고객은 뭔가를 무료로 받기만 해도 좋아한다.

그런데 이 '무료'가 가치 있고 소중한 상품이라면 어떨까? 더 자세히 알아보고자 관심 단계를 넘어 호기심이 생기고, 알면 알수록 의문이 생기면서 더 상세히 알고 싶어 한다. 이것이 '저가' 상품이다. 상품을 저렴한 금액에 맞춰 나라는 사람(또는 브랜드)을 접하는 기회의 끈을 연결한 것이다.

결국 고객은 저가 상품 단계에서 나를 더 궁금해할 것이다. 그러면 '중가', '고가'의 상품을 전략적으로 판매하면 된다. 우리가 잘 모르는 사람을 알아가는 과정도 같다. 처음엔 관심 있는 정도였지만, 점점 알아갈수록 '찐'이라는 생각이 들면 '내 사람'이라고 확신한다.

상품도 바로 고가의 상품을 구매하는 것보다는 점점 이 상품에 대한 노출이 계속 일어나면서 **'무료 → 저가 → 중가 → 고가'**로 이어지고, 관심에서 의문의 단계를 거쳐 상품을 확인하면 고가의 상품 구매는 물론 신뢰가 형성되어 찐고객을 얻을 수 있다.

내가 진행하는 오픈채팅방 플랫폼의 강의 상품들도 마찬가지다. 매주 화·목요일 저녁 9시라는 시간 약속과 함께, 매주 접촉하며 신뢰감을 쌓아가고, 성실이라는 색깔 속에서 무료 강의(가치 있는 유료급 강의)를 전달한다. 무료 강의를 들은 수강생 중에 더 효율적으로 공부하고 싶은 사람들만 유료 강의로 이어진다.

## 05

# 수요층의 상품 판매 믹싱법

어떤 상품이든 고객의 니즈에 맞춘 전략과 기획이 필요하다. 실제 내가 경험한 사례를 자세히 소개하겠다. 내가 처음 시작한 상품은 〈부동산 경매 재테크〉 강의였다. 내가 직접 강의를 진행했는데, 나 역시 경매 투자를 하고 있어서 그 누구보다 부동산 경매를 하려는 분들의 마음을 잘 알고 있었다.

경매 투자는 따져볼 것이 많다. 실제 권리 분석은 잘하고 입찰 들어가는 건 맞는지, 낙찰받으려면 얼마의 금액을 입찰가로 써야 하는지, 어떤 매물이 안전하게 명도까지 처리되는지 등 일반 갭투자와 별개로 질문이 많다.

초보 투자자 시절에 덜컥 낙찰받고 고생하신 분들이 많은데 '이걸 왜 낙찰받으려고 했나요?' 묻는 것부터 시작해서 부당이득금 청구 등 낙찰받은 후에도 처리할 일이 매우 많다. 이러한 경매 초급, 중급 수강생들에게는 마음 편히 질문할 곳이 필요하다.

실제로 초급, 중급 수강생 중에서 '내가 낙찰받고서 잘 진행할 수 있을까?'를 걱정하는 분들이 많다. 따라서 이런 부분은 강의를 런칭할 때 '1년 자유 질문권'을 넣어주면 좋다. 앞장에서도 여러 번 강조한 것처럼 고객이 가진 문제를 해결해주는 게 중요하다. 경매 투자에서 두려워하는 부분, 안전을 확인받고 싶은 부분을 질문권으로 해소해주면 된다.

질문권에 앞서 이전에 강의한 영상을 오픈해서 기본 지식을 숙지한 후에 질문으로 이어지면 좋다. 그렇게 하면 기본기가 흔들리지 않은 채 물건에 대한 경험을 할 수 있게 만들어주는 강의를 진행할 수 있다.

'무인 아이스크림 전문점 강의'도 마찬가지였다. 고객의 니즈를 정확히 파악하고, 실제로 그들이 필요로 하는 '무인 아이스크림 상권'에 대한 평생 질문권을 고객에게 제공했다. 거기에 더해 아이스크림 가게를 창업할 때 꼭 필요한 각종 양식과 소책자도 주는 등, '다 퍼주는 전략'

으로 고객의 니즈를 맞춰갔다.

창업을 두려워하는 신규 사업자에게 평생 질문권이 추가된 강의는 크게 도움 되기 마련이다. 여기에 추가로 꼭 필요한 자료까지 제공하니 강의는 잘 팔렸다. 매번 같은 방법으로 진행하는 유료 강의가 아닌, 늘 고객의 관점에서 고민하며 필요한 것을 질문해서 고객이 원하는 강의를 런칭하면 된다.

06

# 특강, 정규 강의 상품별 배치

요즘 부쩍 잘 팔리는 강의는 "내가 이끌어줄게" 식의 '멱살형 강의'다. 그리고 '일회성 특강'보다는 8주 완성, 10주 완성과 같은 '마스터 과정 강의'가 잘 팔린다. 고객들로서는 '특강 한 번만 듣고 성과 내기는 힘들다'란 생각이 압도적이라, 아무리 저렴해도 잘 사지 않는다.

실례로 내가 진행한 '부동산 재테크'를 통해 구체적으로 설명하겠다. 한번은 '지역 분석'으로 강의를 런칭했다. 저평가받았다고 생각한 '성남 지역'이었고, 현업에서 잘하고 있는 전문가를 섭외해 강의했다. 무료 강의를 마치고 유료 강의를 안내할 때는 성남에 많은 관심을 가질 것으로 판단했다.

그런데 기대했던 것보다 유료 구매 전환이 많이 이뤄지지 않았다. 고객들은 성남을 일부 지역이라 생각하고, 성남만 바라보는 투자 공부는 원치 않았던 것이다. 한곳의 지역만 알게 되는 원데이 특강보다는 보다 넓고 전국 단위의 부동산 강의를 원했던 것이다.

특수 물건이나 낙찰반 물건 같은 케어가 들어가는 서비스를 오히려 선호했다. 초보가 많이 있는 오픈채팅방에서는 '내가 도와줄게' 버전이 가장 좋다. 특수 물건처럼 전문가의 손길이 100% 필요한 경우에는 앞에서 이끌어주고 뒤에서 챙겨주는 분이 있어야 확실히 시스템대로 돌아가는 느낌이다.

반대로 이제는 내가 맞춰서 전달해야 한다. 그러니 특강, 정규 강의 가격을 따지는 것이 아닌, 수강생들과 함께 성과를 낼 수 있는 집단인지 확인하는 것이 가장 중요하다. 가격과 상관없이 수강생들이 강사님을 얼만큼 믿느냐에 의해 판매가 일어난다.

07

# 잘 팔리는 강의 기획법

나의 지식과 경험을 콘텐츠로 강의를 하며 돈도 벌고, 다른 사람에게 좋은 영향력을 끼치는 것만큼 보람 있는 일도 없다. 그러나 만약 내 강의가 팔리지 않는다면 문제점을 찾아 해결해야 하는데, 대부분 기획 단계부터 잘 못한 경우가 많다.

다음 '잘 팔리는 강의 기획법' 2가지를 반드시 숙지하자.

**잘 팔리는 강의를 기획하는 첫 번째 방법은 "이 강의를 듣고 나면, 나도 그렇게 될 수 있겠다"라는 큰 그림을 그리도록 이미지화해준다.** 대개 PPT나 말로 설명하는데, 어떤 방법이든지 강의를 들은 수강생들이 구체적으로 상상하고, 큰 그림을 그릴 수 있게 강의해야 한다.

나의 사례를 들며 설명하겠다. 나는 무자본 창업으로, 집에서 두 아이를 돌보면서 '월 수익 1천만 원'을 올린 인증과 결과를 먼저 보여줬다. 그다음 어떻게 오픈채팅방에 많은 사람을 모았는지, 처음부터 마지막까지의 모든 단계를 보여줬다. 이렇게 결과부터 공유하고 '아무것도 몰랐던 사람도 이 방법을 따라 하니 되었다'라는 과정을 강의에 넣어주면 된다.

**두 번째 방법은 "이 강의를 듣지 않으면 이러한 점들이 손해다"라는 점을 알려준다.** 나는 식당을 매수해서 창업과 실패를 겪은 내 경험을 전하고, 지금은 나가는 돈 없이 (매수, 임차, 월세 등) 집에서 일하며 오픈채팅방 수익화를 할 수 있다는 것만으로도 이득이라는 점을 공지했다.

"2억을 손해 보고 실패했던 사람이 이제는 손해를 안 보기 위해 이 강의를 연 것을 알려드립니다"라고 공지하면 더 잘 받아들여진다. 사람의 심리는 추가로 수익을 내지 않아도, 지금 가진 것에서 손해입는 것을 싫어한다. 이런 부분을 강의에도 적용해 기획하면 된다.

이전에 진행한 재테크 강의에서도 마찬가지였다. 실제로 나는 상승 하락장을 겪으면서 '하락장에서 금리를 조심하지 않으면 매달 대출이자가 50만 원 늘어난다'는 사실을 깨달았다. 이것을 바탕으로 강의를 기획했더니 잘 팔렸다. 이 경험을 통해서 나는 '잃지 않으려는 사람들의 마음만큼 자기 것을 지키려는 마음도 크다'라는 사실을 다시 한번 느낄 수 있었다.

어떤 방법을 사용해야 고객의 호응이 높은지는 직접 필드에 던져봐야 알 수 있다. 하지만 기대 효과와 구체적 모습을 보이는 방법, 그리고 정반대로 '실패할 수 있으니 조심하라' 으름장을 놓는 방법이 가장 반응이 좋았으며, 강의 판매 실적으로 연결됐다.

■ 체크포인트

강의 PPT 파일을 만들 때 첫째 페이지에는 '제목'을 넣고, 둘째 페이지에 '프로필'을 넣는다. 프로필은 성과 위주의 내용을 담되 주의할 것은 강사님의 이력 자랑이 아닌, '수강생의 관점'이다. 강사님이 이루어낸 성과를 본 수강생들이 '믿음 가는 강의'라고 생각하는 것이 포인트다. 강사님의 프로필은 매번 강의에 맞게 준비하면 된다.

에 맞는 내용의 강의를 기획했다.

### 다섯째, 무료로 맛보게 했다.

마트에서 군만두를 판다고 가정하자. 매번 '만두 사세요'라고 외치는 것보다 먼저 시식하게 하고 판매를 유도하는 것이 효과적이다. 물론 맛에 대한 확신이 있어야 가능하다. 한번 맛본 고객들은 앞으로도 이 맛을 잊지 못하고 계속 찾을 것이다. 강의도 수강생들이 먼저 무료로 듣고, 믿음이 생긴 후 구매해도 판매에는 큰 문제가 없다. 오히려 고퀄리티 강의를 들은 수강생들은 구매 전환이 더 잘 일어난다.

02

# 강의 후기 유도와 활용법

강의를 진행하는 강사에게 입소문만큼 중요한 건 없다. 강사가 진실되고 성실한 마음으로 강의했다면, 수강생들에게 강의 후기를 써달라고 안내해야 한다(원하는 건 표현해야 한다). 그런데 적게 쓰는 글이어도 뭔가를 적는다는 건 누구에게나 귀찮은 일이다. 그러니 강의 후기를 작성하는 사람들에게는 그에 상응하는 보상을 해줘야 한다(시간이나 비용을 내서라도).

아무 대가 없는 후기는 안 된다. 소중한 후기의 보상을 꼭 해야 한다. 예를 들어 강의를 마무리할 때 "정성껏 후기를 작성해주신 분에게 20만 원 상당의 전자책 파일을 보내드립니다."라는 안내와 카톡을 발송하는 방법이 있다.

강의를 잘한 것은 물론 그 보상이 좋을수록 더욱 많은 사람의 후기를 볼 수 있다.

> 매주 화요일 9시 강의시작전 부터 마음이 바빠집니다. 퇴근후 부랴부랴 아이들 챙기고 책상에 빨리 앉아야 하기 때문이죠.. 늘 귀한 자리 마련해주신 소행님과 선생님과의 줌수업 교류는 나를 더욱 더 성장시킬 수 있는 귀한 시간이 되기 때문입니다. 무료강의  한 시간도 마련해주신게 감사함을 느꼈었지만 이번주부터는 두시간이나 한 시간을 더 늘려 늦게까지  진행해주심에 거의 특강 이라고 봐야 겠더라구요.. 오늘의 수업주제는 "흙수저가 소액으로 가장 쉽게 내집 마련" 이라고 해주셨지만 경제적 자유를 위한 마인드셋이 95%를 차지하기에 기술보다 본인의 마음가짐이 중요하다는걸 다시금 일깨워 주셨습니다.  천리길도 한용어부터 다시 부동산용어도  차근차근 재정리 해주시니 수박겉핥기로 대충 알고 있었던 용어들도 쉽게 설명해주시니 이해가 더욱 쉬웠습니다. 즐부님의 보이스도 너무 몰입이 될수 있게 매끄러운 진행과 함께 두시간이 금방 지나갔습니다. 다시 꼭 한번 들을수 있는 기회를 주시면 감사드리겠습니다...
>
> 전체보기

이렇게 받은 후기는 잘 활용해야 한다. 이미 받은 후기는 다음 강의를 입증하는 글로써 남겨둔다(후기 기록). 후기 기록은 다음 강의를 진행할 때 성과로 활용하거나 광고로 사용할 수 있다. 그러니 큰 보상을 함으로써 최대한 많은 사람의 찐후기를 받을 수 있도록 해야 한다.

'후기 작성 가이드'를 공지하는 것도 좋다. 후기 이벤트 당첨 기준, 후기 작성 마감일, 후기 작성 후 혜택, 혜택 발송일까지 명확하게 안내하라.

★ 추석연휴마지막날까지, 저희와 함께 열공, 열투!!! 절세까지 함께 해주셔서 감사합니다. 후기이벤트는 내일 오후 2시까지 접수받고, 소중한 후기는 회계사님께 전달드리겠습니다.

이런 기준으로 안내된 후기는 자신이 운영하는 블로그나 인스타그램, 유튜브를 통해 콘텐츠로 활용하면 좋다. 모든 것은 기록이 남는다. 이러한 과정을 후기로 남기지 않으면, 기억하기 어렵기에 무조건 자신의 SNS에 기록하는 것이 좋다.

10월 3일 화요일 저녁9시~ 회계사님과 함께 하는 개인, 매매사업자, 법인 비교 정리드릴게요!

서울—부산—전라도 추석귀경길(feat.무자본 창업, 디지털노마드의 연휴보내는 방법) (4)

23년 점검(feat.추석으로 돌아보는 23년) (3)

반포에서만 3시간(feat.저녁 줌주소) (3)

매달 월천을 강의로만 벌 수 있는 이유 (feat. 새벽 4시에 강의 리허설을 하는 40대 두 아이 아줌마)

[사전예고] 제가 가장 좋아하는 책, 독서모임해요.(feat. 슈퍼노멀, 수익화 주제로만 다룹니다.) (3)

피터팬과 함께하는 무료강의 플랫폼 공지(feat. 읽고 질문해주세요^^) (9)

나폴레옹 빵(feat.일요일 종자돈 정규강의 1회차) (6)

경매 낙찰에서 사업으로. 찜질방 투자 토크 안내(feat.10월 20일 11시 30분—2시 30분) (41)

종자돈 1억 만들기 정규강의 채팅방 문자 안내(feat. 커뮤니티 수익화 3탄) (2)

또한 처음 시작하는 강사일수록 다양하고 많은 후기가 필요하다. 최대한 많이 후기를 받으면서 자신의 좋은 후기를 점점 쌓아가라.

03

# 오픈채팅방에서 연계, 검색법

내가 운영하는 오픈채팅방이 아닌 다른 사람들의 채팅방을 확인하는 방법이 있다. 오픈채팅방에 내가 관심 있는 분야의 키워드를 검색하면 관련 채팅방들을 확인할 수 있다. 그 채팅방들 중에서 내 콘텐츠와 연계하거나 비즈니스 가능한 부분은 무엇인지 살펴보라.

채팅방의 공지 사항을 확인해야 한다. 오픈채팅방은 공지 사항에 관련 내용들을 업데이트해 놓는 경우가 많다. 그러니 채팅방에 입장하면 꼭 공지 사항을 확인하라.

내가 운영하는 오픈채팅방에서는 '부동산 재테크'의 전반적인 강의를 진행하고 있다. 만약 이 강의를 협업할 경우, 해당 지역의 오픈채팅방 운영자들과 소통하며 함께 관리한다.

다음은 현재 협업하고 있는 부산 지역 오픈채팅방이다.

은 공지에 작성되어 있으니, 반드시 공지글을 확인하고 홍보해야 한다.

오픈채팅방에 글을 쓸 때는 내 블로그의 글을 삽입하고, 내가 줄 수 있는 전자책도 함께 홍보한다. 간결하게 '이 블로그를 클릭하면 이런 정보를 준다'라는 식으로, 핵심 요약만 안내하면 된다.

적어도 열 군데 이상의 홍보 가능한 채팅방을 매일 다니고, 내 블로그 속 전자책과 오픈채팅방을 계속 안내하면서 꾸준히 사람들을 유입해야 한다. '어떻게 매일 이렇게 하느냐?' 싶겠지만, 나 역시 처음 블로그를 시작한 2019년부터 지금까지 이 과정을 반복하며 꾸준히 실행한다.

지금은 힘들겠지만, 매일의 과정과 경험이 쌓여야 수익화를 이룰 수 있다. 사람은 애초 잘나서 성공한 게 아니다. 매일 꾸준히 실행하는 사람이 가장 성공할 수 있다. 오픈채팅방으로 사람을 모은 후 진정성 있게 소통하며 수익화가 가능한 사람은, 그 어떤 일도 도맡아서 이룰 수 있다.

만약 반응이 오지 않는다면 일련의 과정을 점검하라. 블로그 글을 바꿔서 다시 쓰고, 전자책의 퀄리티가 부족하다면 다시 전자책을 수정하고 보완하라. 그리고 이 내용을 다시 전달하면 된다. 홍보할 수 있는 채팅방이 부족하다면, 다시 오픈채팅방을 검색해서 오픈채팅방을 추가 확보한 후 블로그 글로 홍보하면 된다.

## 부와 성공으로 이끄는 한마디

$

성공하기 위해서는 '성공 습관'이 필요하다.
성공 습관을 기르려면 지금 실행해야 한다.
아주 작은 변화부터 시작하여 조금씩
큰 변화로 나아가는 것이 중요하다.
성공 습관을 기른 사람은 삶의 변화는 물론
자신이 목표한 성공에 가까워질 수 있다.
지금부터 당장 작은 성공 습관부터 실행하라.
그러면 당신을 지속적인 성공으로 이끌 것이다.

_박소정 작가

합한 것을 선택하는 것이 필요하다.

처음 강의하는 사람이라면 프로요금제 참석자 100명 정도로, 월 2만 원 정도의 요금제를 사용하는 것이 적당하다.

02

# 줌 강의 개설하기

다운받아서 컴퓨터에 설치한 줌 프로그램을 실행한다. '회의 참가'와 '로그인'이 나오는데, 이미 회원가입과 유료 결제까지 한 상태이므로 로그인으로 진행한다. 내 아이디와 비밀번호를 입력하고, 인증과정을 거치면 다음과 같은 화면이 보인다.

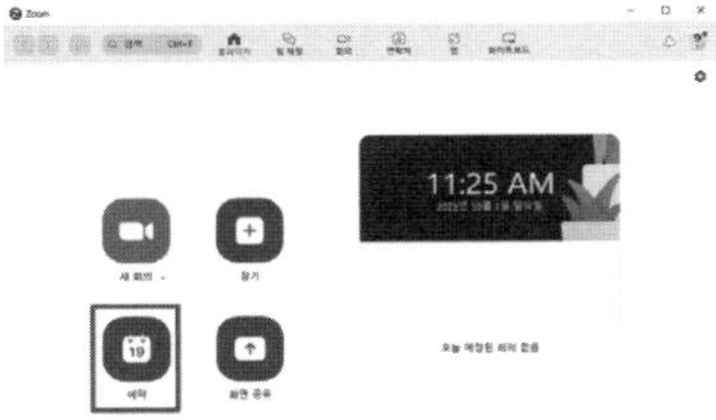

클라우드 공간에 녹화영상이 남는다.

기록된 영상은 전체 회의를 종료할 때 일괄적으로 MP4 파일로 변환되어 저장된다. 강의 시작 전 참여자에게 녹화가 된다는 것을 공지하고 양해를 구하도록 한다.

줌 회의 시(강의가 종료) 변환된 영상은 실시간 라이브로, 참여하지 못한 사람들에게 VOD로 제공할 수 있다. 나의 유튜브 채널에 일부 공개로 업로드해서 일정 기간동안 유튜브 강의 링크를 전달하는 것이 좋다. 일주일이나 10일로 공개 기간을 정하는 것이 강의의 가치를 높이고, 참여자들에게 '그 기간 내에 꼭 봐야겠다'라는 동기를 부여한다. 공개 기간을 무한대로 길게 한다고 해서 효과가 좋은 건 아니다.

또한 이렇게 녹화된 영상을 자르고 편집해서 내 유튜브의 콘텐츠로 활용할 수도 있다. 무료로 제공하기도 하지만, 유료로 판매할 수도 있으니 줌 강의를 할 때 녹화하는 것을 잊지 말도록 하자. 오디오만 따로 추출해서 녹음되기도 하는데, 이것을 텍스트로 변환하면 책을 출간할 때 활용하기도 하고, 팟캐스트를 운영할 때 업로드할 수도 있다.

04

# 줌 설정과 돌발 사고 대응하기

앞에서 알려준 줌의 기본적인 내용만 숙지한다면, 초보자도 줌 강의를 진행할 수 있다. 기본적인 부분이 익숙해졌다면, 설정 메뉴를 통해서 세부 기능을 인지하자. 그러면 프로페셔널하게 줌을 활용할 수 있다. 그러나 너무 깊이 들어가면 초보자는 복잡하고 어렵게 느낄 수 있으니 강의할 때 도움 되는 몇 가지만 더 알아보도록 하자.

줌 프로그램을 실행하면 상단 우측에 톱니바퀴가 있다. 이 톱니바퀴를 누르면 줌 설정을 변경할 수 있다. 줌 설정 메뉴에 들어가면 '일반, 비디오, 오디오, 화면공유, 팀 채팅' 등 여러 서브 메뉴가 보인다. 이 중에서 꼭 필요한 몇 가지만 살펴보도록 한다.

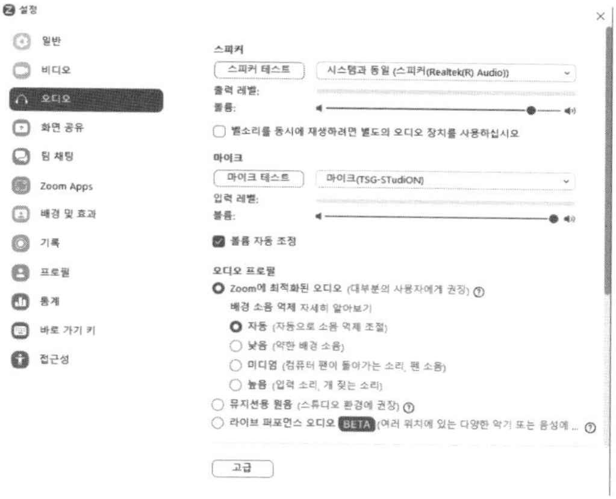


[일반] 듀얼모니터 사용이라면 '듀얼모니터 사용'에 체크한다.

[비디오] 여러 개의 캠을 사용 중이라면 어떤 캠을 사용할지 선택하고 화면보정도 설정할 수 있다.

[배경 및 효과] 가상 배경을 설정해서 호스트의 뒷배경을 집중이 잘되게 하거나 깔끔하게 보이게 할 수 있다.

[기록] 컴퓨터에 기록할 때 기록 경로를 설정할 수 있다.
[프로필] 내 프로필 이미지나 줌 참여시 표시 이름을 변경할 수 있다

줌 강의를 진행할 때 가장 당황스러운 건 호스트의 인터넷 연결이 원활하지 못해서 소리가 끊어져서 들리거나, 호스트가 튕겨져 나갈 때다. 이런 것을 대응하기 위해서는 와이파이 사용보다는 LAN선으로 인터넷 연결하기를 추천한다. 또한 와이파이가 불안정하면 스마트폰 데이터를 통해 연결하는 것이 더 안정된다.

언제 어떤 돌발 사고가 발생할지 모르니 공동호스트를 설정해서 돌발 사고가 생겼을 때 공동호스트가 참여자들이 당황하지 않게 안내하도록 한다. 줌을 통한 강의는 큰 부담 없이 자연스러운 분위기에서 진행하는 것이 강점이다. 따라서 돌발 상황이 생겼다면 호스트 역시 당황하지 말고 침착하게 대응하면 위기를 넘기고, 참여자들도 크게 기분 나빠하지 않고 잘 넘어갈 수 있다.

05

# 줌 강의 전 체크리스트

줌 강의를 하기 전에 먼저 체크할 것은 오디오 설정에서 '마이크 테스트'와 '스피커 테스트'이다. 내 컴퓨터에서 자체적으로 테스트를 해보고, 강의 시작 전에 참여자들에게 소리가 잘 들리는지 물어보도록 한다.

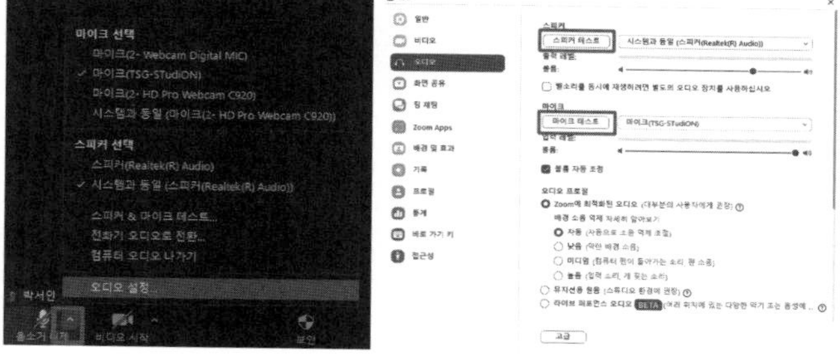

또한 강의안, 교안이 잘 보이는지 공유테스트도 진행해 보고, 진행에 필요한 보조장비가 있다면, 보조장비도 전부 로그인해서 모니터링을 하라.

줌 강의를 진행할 때 시간을 많이 뺏기고 당황하기 쉬운 것은 필요한 파일이 어떤 경로에 있는지 잘 보이지 않을 때다. 그러니 미리 필요한 파일을 오픈해서 창에 띄워 놓아야 한다. 강의를 진행하면서 들어가 봐야 할 인터넷 사이트가 있다면 사이트도 다 열어서 로그인해놓고, 유튜브 영상이 있다면 그 영상을 찾아서 필요한 화면에서 일시 정지 시켜놓는다.

강의에 필요한 모든 자료가 스탠바이가 된 상태에서 강의를 시작하고 진행한다면, 초보자라도 당황하지 않고 만족스러운 강의를 할 수 있다.

또한 강의 중에 참여자의 채팅이 올라오면 호스트의 집중력이 떨어진다. 중간중간 대답하다 보면 강의 시간이 부족할 수 있으니, 채팅에 대한 답변은 강의 후 일괄적으로 드리겠다고 강의 시작 전에 미리 공지하라.

06

# 줌 강의 후 할 일

강의가 끝났다면 인증사진을 남겨라. 참여자가 인증사진 찍도록 유도하되, 재치 있는 유머로 카메라 오픈을 유도해서 '웃는 얼굴'로 인증사진에 남도록 한다. 오픈채팅방에 인증사진을 공유해서 강의 분위기가 어땠는지 호스트가 후기를 남기고, 다음 강의에 더 많은 사람이 참여하게끔 분위기를 조성한다.

강의 후 참여자들에게 진정성 있는 후기를 남기도록 유도하는 것도 중요하다. 처음 강의한 강사는 차마 후기를 남겨달라는 말이 입에서 쉽게 나오지 않는다. 하지만 강사들에게 후기는 천군만마 같은 역할을 한다. 후기를 요청할 때 전자책이나 기프티콘을 선물로 주면 더 효과가 있다.

강의 인증사진과 참여자의 후기를 가지고 블로그 포스팅을 해서 내 오픈채팅방과 다른 오픈채팅방에 포스팅 링크를 공유한다. 꼭 기록으로 남겨야 한다는 것을 명심하자. 기록이 곧 나의 역사가 되고, 퍼스널 브랜딩이 되는 초석이 된다.

07

# 강의 영상 판매로 자동화 수익 만들기

## 01) 녹화본 영상 판매로 부수입 만들기

간혹 강의 시간대가 맞지 않아 참여하지 못하는 사람들에게 녹화본이 제공되느냐는 문의를 받는다. 초반에는 강의의 가치를 몰랐고 판매가 익숙하지 않아서 무료로 제공했었다. 하지만 주변을 보니 영상 녹화본을 건당으로 판매하는 사람들이 보였고, 나 역시 판매에 대한 두려움을 극복하고 도전하겠다고 생각했다.

초반에는 개별적으로 문의하는 사람들에게만 판매했었다. 이후 오픈채팅방에 영상 구매를 공지하고 공식적으로 판매를 시작하면서 매월 뜻하지 않은 부수입이 생기게 되었다. 수익의 파이프라인이 하나 더 만들어진 것이다.

## 02) 구독경제 서비스로 자동화 수익 만들기

개별적으로 동영상을 판매하다 보면 '입금 내역 확인, 영상링크 보내기, 문의 답변하기' 등 신경 쓸 부분이 많다. 그래서 서로 윈윈하기 위해 만드는 것이 '구독경제 서비스'이다. 매달 정기적으로 1만 원, 또는 2만 원의 정기 결제를 하면 원하는 영상을 마음껏 볼 수 있는 서비스이다.

구독경제 서비스를 하기 위해서는 적합한 플랫폼을 선정해야 한다. 만약 플랫폼을 사용하는 것이 어렵고, 비용이 들어간다면, 네이버 카페나 오픈채팅방을 이용할 수도 있다. 네이버카페나 오픈채팅방은 비공개로 운영되며, 정기 결제를 하는 사람들만 입장해서 언제든 볼 수 있도록 만든 것이다.

정기 결제가 가능한 결제대행사로 '페이앱'과 '결제선생'을 많이 사용한다. 처음 신규 가입을 할 때 정기 결제를 위해 수강생이 카드번호를 등록하면, 매달 정기적으로 결제되므로 동영상 판매와 관리의 번거로움을 덜 수 있다. 또한 매달 정기적으로 일정 금액의 수익이 발생하므로 안정된 수익 파이프라인을 만들게 된다.

단편의 동영상 강의 녹화본 판매, 구독경제 서비스로

동영상 녹화분을 판매할 때 주의할 것은 저작권이다. 내가 직접한 강의라면 상관없지만, 강사를 초빙해서 강의했다면 동영상 판매에 대한 저작권과 수익배분을 계약서에 작성하는 것이 좋다. 서로 협의한 영상만 수익화한다는 것을 원칙으로 한다.

### 03) 동영상 강의 플랫폼 입점하기

나의 주력 콘텐츠(코어콘텐츠)가 명확해지고, 퍼스널 브랜딩이 필요한 시점에 콘텐츠 입점을 시도하라. 수시로 줌 강의 라이브를 통해서 수익화하는 것도 좋지만, 마지막 종착역은 자동화 수익이다. 지식창업을 한 1인 기업가들은 콘텐츠 자동화를 목표해야 한다.

먼저 플랫폼에 회원가입을 하고, 콘텐츠 공급자로서 등록신청을 진행하면 된다.

크몽 (https://kmong.com)

클래스유 (https://www.classu.co.kr)

라이브클래스 (https://www.liveklass.com)

신뢰감을 주고, 매력적으로 보이기 위한 자기소개와 콘텐츠 준비를 한다. 처음 시작이라 두려움을 가지고 도전을 어려워하는 사람들이 많은데, 고객센터에 '등록 매뉴얼'이 있으니, 막히는 곳이 있을 때 전화 상담을 하면 자세히 알려준다. 원격으로 지원해주는 곳도 있으니 무조건 실행해야 한다. 유튜브에서도 많은 영상을 찾아볼 수 있다.

전자책을 플랫폼에 등록하거나 강의를 촬영해서 동영상 강의 플랫폼에 등록하면, 내가 잠을 자든지, 여행을 하든지 자동으로 수익이 들어온다. 그런데 등록했다고 해서 바로 수익으로 연결되는 건 아니다. 등록 후 계속해서 잠재고객에게 노출되고, 판매되도록 홍보해야 한다. 한두 달 반짝하는 홍보가 아니라 꾸준하게 강의하면서 홍보하고, SNS 채널에도 홍보를 꾸준히 해야 지속적인 판매가 된다.

08

# 매출을 3배 높이는 카드 결제 방법

처음 지식창업을 하고, 강의도 하고, 커뮤니티를 통해서 수익화를 하는 사람들은 고객들에게 무통장 입금을 많이 받는다. 이것은 나중에 세금 신고할 때 번거롭고, 현금영수증 발급을 해줘야 하므로 일이 하나 더 늘어나는 것과 같다. 이런 번거로움을 덜고, 고객이 쉽게 지갑을 열게 하는 방법은 카드결제로 유도하는 것이다.

현금을 입금하는 것보다 카드 결제를 하면, 고객이 느끼는 부담감이 확 줄어들어서 강의신청률이 높아진다. 게다가 카드는 할부 결제가 가능하다. 지금 현금이 없더라도 강의를 들을 수 있어서 몇십만 원의 강의라도 신청하는데 큰 부담이 없다.

카드결제 신청은 사업자등록증과 통신판매 신고증이 있으면 가능하다. 가장 쉽게 할 수 있는 것은 네이버에 스마트 스토어를 개설하는 것이다. 스마트 스토어를 개설하면 강의는 물론 전자책을 판매할 수도 있고, 일반적인 다른 상품을 판매할 수도 있다. 그러니 스마트 스토어 한 개씩은 가지고 가는 것이 좋다.

앞장 〈정기구독서비스〉에서 정기 결제를 위해 '페이앱'이나 '결제선생' 같은 PG 서비스를 신청했다면, 스마트 스토어가 없더라도 상품링크를 만들어 카드 결제를 유도하면 된다.

## 부와 성공으로 이끄는 한마디

$

열정은 성공의 가장 강력한 원동력 중 하나다.
먼저 당신이 진정으로 하고 싶은 일을 찾아라.
그다음 그 일에 열정을 갖고 행동으로 옮겨라.
당신의 일에 전심전력으로 온 힘을 쏟아부어라.
그러면 당신은 목표를 달성하게 될 것이며,
자연스럽게 성공이 따라올 것이다.
성공은 열정 없이 이루어지지 않는다.

_박서인 작가

Chapter 8

# 나만의 콘텐츠 비즈니스 모델 설계와 브랜딩

01

# 결국 브랜딩이 정답이다

치열한 경쟁사회에서 살아남으려면, 자신을 다른 사람과 차별화하는 능력이 필요하다. 이때 필요한 것이 브랜딩(Branding)이다. 나 자신을 브랜딩한다는 건 나의 가치를 반영하는 것으로, 나만의 지식과 경험을 전달하는 것을 의미한다.

쉽게 말해서 아무도 모르던 내 이름을 사람들의 마음속에 심어주면서 내가 무엇을 하는 사람인지, 어떤 가치관을 가지고 있는지, 사람들과 무엇을 나누고 싶어 하는지를 꾸준하게 알리려는 노력이 필요하다.

이것이 바로 브랜딩이다. 브랜딩은 하루아침에 이루어

지지 않는다. 벽돌을 쌓듯 시간과 정성을 들여서, 사람들에게 내가 어떻게 기억되고 싶은지, 그 모습을 하나하나 조각해서 새기는 과정이라고 보면 된다.

처음에는 무엇을, 어디서부터, 어떻게 시작할지 막막할 것이다. 그러나 '시작이 반이다'라는 말처럼 시작하기가 어렵지, 일단 시작하면 끝마치는 건 그리 어렵지 않다. 먼저 사람들에게 공지하고 실행하는 것이 중요하다. 처음이기에 사람들의 반응도 없고, 자신이 예상한 결과가 아니라 실망할 수도 있다.

하지만 단 한 명의 신청자라고 해도 내 열정과 진심을 담아서 강의한다면 상대방에게 전달이 된다. 이런 작은 점(点) 같은 경험을 여러 개 찍다 보면, 이 점은 선(線)이 되고, 이 선은 곧 면(面)이 되어 자신이 원하는 결과물을 만들어 낼 수 있다.

내 주변을 둘러보거나 유튜브만 봐도 여러 성공한 사람들이 있다. 지금은 그들이 쉽게 돈을 벌고 성공한 것 같겠지만, 그들 역시 무명 시절이 있었다. 그 시기를 포기하지 않고 묵묵히 지내오면서 좋은 결과를 만든 것이다.

'과연 내가 선택한 이 길이 맞는 걸까?' '이것으로 수익화를 할 수 있을까?' 의심하지 말라. 딱 3년만 당신의 시간을 투자해서 최선의 노력을 기울이기를 바란다. 3년이라는 시간은 길다면 길고 짧다면 짧다. 만약 오프라인 매장을 열고 창업한다면 적게는 몇천만 원에서 몇억 원까지 투자해야 한다.

하지만 지식창업은 나의 경험과 지식을 콘텐츠로 만들어 판매하고 수익을 창출하는 무자본 창업이다. 즉 돈이 들지 않는다. 잃을 것도 없으니, 나의 시간과 노력과 열정을 투자하면 된다. 무자본 창업, 쉽다면 쉽고 어렵다면 어렵다.

가장 중요한 것은 끝까지 포기하지 않는 끈기와 열정이다. 또한 특히 신경 써야 하는 게 브랜딩이다. 콘텐츠도 개발하고, 강의도 해야 하지만, 브랜딩만 제대로 된다면 무엇을 팔아도 '팔리는 사람'이 되는 것이다.

우선 시작하라. 그리고 꾸준하게 실행하라. 시작도 하기 전에 '내가 지금 시작해도 가능할까? 이미 자리 잡은 사람들이 있는데, 콘셉트가 같은데(비슷한데)' 지레 걱정하지 말자. 그들에게 없는 나만의 개성을 찾고, 사람들이 나에게 사야 하는 이유와 나의 존재를 가랑비에 옷 젖듯이 스며들도록 해야 한다.

**마지막에는 브랜딩이 되어 있는 사람이 웃는 최후의 승자가 될 것이다.**

마케팅에 큰돈을 들이지 않고 살아남는 방법, 즉 내가 런칭하는 강의마다 마감되고, 다음 강의를 줄 서서 기다리게 하려면 결국에는 브랜딩이 정답이다.

02

# 사명과 비전, 미션 만들기

나는 2006년에 온라인 쇼핑몰 사업을 시작해 17년간 운영했는데, 판매 호조를 보였다. 그런데 차츰 적당히 돈을 벌고, 적당히 편안한 삶을 살고 싶어졌다. 그때는 돈이 없더라도 행복하게 살 수 있을 것 같았다. 온라인 쇼핑몰 사업은 쉬운 일이 아니다. 주문이 많으면 수익도 늘어나지만, 그만큼 고객 문의도 많고, 택배 발송도 밀리고, 처리해야 할 CS도 많다.

정신적 · 신체적 피로감은 쌓였고, 점점 무기력해졌다. 번아웃(Burn Out) 된 것이다. 그래서 쇼핑몰을 정리하고 싶어서 다른 사업을 알아본 끝에 디저트 카페를 창업했다.

03

# 나만의 브랜드 스토리 만들기

강의 시작 전, 강사님이 자신의 약력을 통해서 '자신이 왜 이 일을 시작했는지, 어떤 과정을 거쳐서 성공했는지' 등 자기소개하는 것을 자주 봤을 것이다. 이것을 브랜드 스토리(마이 스토리)라고 하는데, 이 브랜드 스토리를 얼마나 감동적으로 잘 전달하느냐에 따라 강의에 임하는 수강생들의 태도와 마인드가 달라진다.

'저 사람은 나보다 더한 악조건에서도 실패를 딛고 일어나 지금의 성과를 낸 것이구나', '저 정도 노력해야 하는데 지금 나는 뭐지?'라고 생각하며, 불평불만만 하고 실행하지 않던 자신을 반성한다. 수강생들 스스로 앞으로 열심히 하겠다고 다짐했을 때 강사를 선생님, 스승님으로 여기고 따르면서 찐팬이 된다.

실패를 많이 한 사람, 고생을 많이 한사람일수록 브랜드 스토리는 강력해진다. 나의 실패가 그 당시에는 부끄러웠을지언정 그 실패를 딛고 일어서서 성공하면, 그 실패는 내 성공의 밑거름이 되고, 사람들에게 이야기할 수 있는 브랜드 스토리가 되는 것이다.

그러니 나는 어떤 스토리로 사람들에게 감동을 주고, 나를 브랜딩해서 나의 상품을 판매할 수 있을지 생각하자. 태어나서부터 지금까지의 나의 일대기를 연도별로 적고, 그 안에서 숨겨진 진주들을 찾아보도록 하자.

나는 카페 사업의 실패로 4억의 투자금을 날리자 너무 창피해서 동굴 속으로 숨고 싶었다. 외부적으로는 사업이 잘돼서 계속 확장하는 성공자의 모습이었기 때문이다. 그래도 남아 있는 사업과 가족들을 위해서 속으로는 멍들고 아플지언정 겉으로는 내색하지 못했다. 어떻게든 다시 일어서서 4억의 빚을 갚고 재기할 수 있다고 생각했다.

일이 잘 풀리지 않고 막막할 때, 나는 책에서 길을 찾는다. 대형서점에 가서 마음에 드는 자기계발서를 구매하거나 도서관에서 읽고 싶은 책을 대출한다. 책을 읽을 때 제목과 목차를 통해 아이디어를 얻기도 했다. 사업 실패로 어떻게 빚을 갚고 일어서야 할지 막막했을 때 내 눈에 들어온 구절이 있다.

**'나의 경험과 지식은 돈이 된다.'**

바로 이것이다. 사람들은 나에게 사업의 조언을 많이 구했다. 네이버 카페 운영을 어떻게 시작했는지도 많이 물어봤다. 나의 장점 중 하나는 상대와의 대화를 통해서 그가 가진 재능을 찾아내고, 그걸 사업화할 수 있는 아이디어가 많다는 것이다. 그때부터 나는 내가 가진 경험과 지식을 판매하는 지식창업자가 되기로 했다.

사람들이 내게 궁금해하는 것을 책으로 쓰고, 네이버 카페를 만들어서 사람들과 소통하고, 블로그에 포스팅해서 사람들이 찾아오도록 했다. 내 주변 지인들에게 국한되었던 사업 상담, 마케팅 상담을 더 넓은 온라인 세계에 씨앗을 뿌렸다. 지금까지 해왔던 사업과 마찬가지로 1인 지식창업 역시 처음에는 반응이 별로 없었다.

하지만 그간의 경험을 통해서 나는 알고 있다.

**'쉽게 얻은 것은 쉽게 사라지고, 탄탄하게 기본을 다져서 실력으로 성공하려면 3년 정도의 시간이 걸린다.'**

너무 빨리 성공하려고 하면, 쉽게 지치고 포기하게 된다. 요즘엔 자신을 브랜딩해서 1인 기업가로 살아가는 사람들을 흔하게 볼 수 있다. 블로그, 인스타그램, 유튜브 등 SNS의 발달로 인해 1인 기업가들이 활동하기 편하고, 더 쉽게 자신을 알리면서 수익화하기 편하게 도와주기 때문이다.

1인 기업가로 성공했다고 하는 사람들. 월 천만 원 이상의 수익을 올리는 사람들은 쉽게 만들어지지 않는다. 내 주변 사람들을 보았을 때, 평균 3년 정도의 시간이 걸린다. 처음부터 많은 수익이 생기는 것도 아니다. 몇십만 원의 수익에서 시작한 일들이 시간과 경험들이 쌓이면서 복리로 눈덩이처럼 불어나는 것이다.

내가 원하는 수입이 만들어질 때까지 인내하면서 기다릴 수 있어야 하는데, 요즘 사람들은 빠르게 성장하기만을 바란다. 그래서 몇 달 해보고 성과가 안 나오면 포기하고, 다시 월급을 받는 직장인의 삶으로 돌아간다. 여성(주부)들은 일에 몰입하면 집안 살림과 육아에 소홀해지기 쉬워서 가족들의 불만이 쌓이고, 돈도 안 되는 일 그만하라는 남편의 성화에 그만두기도 한다.

그래서 나는 퇴사 후에 1인 기업을 하기보다 회사에 다니면서 준비하라고 조언한다. 그래야 수익이 안정되기 전까지 경제적 압박과 심리적 압박을 피할 수 있어서다. 부업으로, 투잡으로 시작해서 월수입이 직장 월급을 넘기고 안정화되면, 그때 사표를 내고 자기 경험과 지식을 파는 1인기업에 집중하라.

절대로 회사가 힘들다거나 직장인의 삶이 싫어서 무턱대고 사표부터 내고 시작하면 안 된다. 그러면 몇 달 지나지 않아서 다시 본래의 자리로 돌아가는 경험을 하게 될 것이다.

04

# 브랜드 채널 구축하기

이 책에서는 브랜딩과 수익화하기 위해서 가장 기본적인 블로그와 오픈채팅방 운영을 이야기했다. 이 외에도 다양한 SNS 채널을 운영해야 한다. 인스타그램, 유튜브, 네이버카페, 네이버밴드, 카카오채널톡 등 무수히 많다. 하나 운영하기도 힘든데 이 많은 채널을 언제, 어떻게 운영하느냐고 반문할 수도 있다.

그러나 성공한 사람들은 대부분 많은 채널을 함께 운영하고 있다. 여러 개의 SNS 채널들이 톱니바퀴처럼 맞물려 돌아갈 때 시너지 효과를 볼 수 있다. 그리고 속된 말로 '어디서 터질지 모르기 때문에' 다양한 채널을 운영하면서 사업을 성공적으로 하기 위해선 SNS 채널을 키워 활성화하는 것이 중요하다. 특히 신경을 써야 하는 것은 '콘텐츠'다. 타깃을 설정하고, 니즈를 파악해 콘텐츠로 제작하고, 많은 사람이 볼 수 있도록 배포하는 과정이 필요하다.

빠르게 성과를 내려고 스킬을 배우는 것보다 나를 브랜딩하고, 콘텐츠를 만드는 것에 집중하라. 당장은 느리게 가는 것처럼 보이겠지만. 결국 마지막엔 웃는 사람이 될 것이다.

05

# 찐팬 1천 명 만들기

나는 블로그, 인스타그램, 유튜브, 네이버카페, 오픈채팅방 등의 SNS 채널을 운영하고 있다. 나를 브랜딩하고, 나의 강의를 홍보하는 수단이 SNS 채널이다. 이 채널들을 활성화시키고, 콘텐츠를 축적하고, 나의 팬(블로그이웃, 팔로워, 구독자, 카페회원)을 만들기 위한 노력은 거의 비슷하다. 모든 SNS 채널의 성공법칙은 같다고 해도 과언이 아니다. 일관된 콘셉트대로 콘텐츠를 축적하고, 팬들과 소통하며 공감대를 형성해야 한다.

만약 퍼스널 브랜딩(Personal Branding)을 목적으로 하는 1인 기업가나 자기 사업을 홍보하고 싶은 사장님이라면,

어떤 일이든 대가를 기대하지 않으면 된다. 아주 작은 일부터, 내가 할 수 있는 범위의 아주 사소한 일부터 한번 실행해보자. 작은 변화를, 작은 칭찬을, 작은 성공을 느끼면 시작은 바로 이어진다.

사람마다 임계점(臨界點)은 다르다. 어떤 사람은 1년 만에, 어떤 사람은 3개월 만에 수익화가 성공하기도 한다. 성과가 나는 성공의 속도가 다를 뿐이지, 중간에 포기만 없으면 성공한다. 그러니 작은 것부터 하나씩 시작하라.

너무 하기 싫은 날, 정말 귀찮은 날도 있을 것이다. 그런 날에는 '딱 한 개만 하고 쉬어야겠다'라고 결심해 보아라. 딱 한 개를 시작하면 어느새 두 개, 세 개를 하는 자신을 발견할 것이다. 첫 시작이 가장 힘들다. 그러니 일단 가볍게, 목표를 크게 가지지 말고 'Just Do It!' 그냥 한다는 생각으로 시작해보자.

만약 혼자 시작하기 힘들다면, 옆의 동료나 자신과 같은 가치관을 가진 커뮤니티 동지들과 함께 시작해보아라. 그러면 즐겁게 시작할 수 있다. 내가 가진 지식과 경험, 함께하는 힘을 동지에게도 나누면, 나는 2배로 되돌려받는 놀라운 경험을 하게 된다. 그 무엇이든 나누면 기쁨은 배가 된다. 같은 마음을 가진 동료, 파트너와 함께 커뮤니티 속에서 작은 실행부터 시작하라.

07

# 조인트의 기적을 경험하다

사장과 직원의 태도가 다른 것처럼, 1인 기업가 중에 '내가 직접 하면, 더 잘한다'라고 생각하는 사람이 많다. 그런데 내가 1인 기업가로 활동해보니(2019년부터 2023년 현재까지) 1인 기업이 감당할 수 있는 영역은 매출 1천만 원이었다. 그 이상은 아르바이트생을 고용해야 하거나, 내가 더 시간과 업무를 갈아넣어야 한다.

실제 나와 같은 생각으로 일을 진행하고, 비즈니스 관도 같은 사람이 있다면 함께 조인트 사고(Joint Thinking)로 협력해라. '1+1=2'가 아닌 '1+1=10'을 발생하는 조인트의 기적을 경험할 것이다.

나는 처음에 카카오 오픈채팅방 1개로 시작했다. 1개의 채팅방이 1,300명을 넘어서자 2번 방을 만들고, 곧 3번 방도 만들었다. 현재 하고 있는 재테크 교육업에 더해 돈 버는 부업, 미라클 모닝, 독서와 같은 자기 계발의 교육도 추가하면서 4번 방까지 확장했다.

이게 다가 아니다. 처음부터 소통을 베이스로 수익화하는 강의를 판매하다 보니, 교육업을 키워보려는 사업자나 개인과 협업하게 되었다. 네이버 카페 3백만 회원수의 〈피터팬의 좋은방 구하기〉와 〈규동산의 부산 부동산〉 오픈채팅방 2천 명의 회원도 함께 관리하며 협업을 이루어간다.

나는 책으로만 읽던 지식이 현업에서 이루어지고 있음을 몸소 느낀다. 눈으로 읽고, 손으로 확인하는 것은 오래 가지 못한다. 계속 기억되고 자극이 되기 위해서는, 실제 현업에서 이루어지는 일이 되어야 한다. 오픈채팅방 수익화로 매일 업무가 진행되고, 채팅방 회원들의 감사 인사와 함께 매출이 인증되는 나날이 있기에, 매 상황을 고민하고, 수정하고, 적용하며 강의 교육 톡방에서 교육 사업화가 되어 가는 중이다.

누군가가 내게 "삶의 기적을 느낀 적이 언제냐?" 묻는다면, 나는 '지금'이라고 말할 수 있다. 서울에 올라와 대

기업에서 12년, 식당 창업 2년, 총 14년 동안 맞지 않는 옷을 입고 살아왔다. 당시 나는 날마다 고민하며 살았다.

'어떤 일이 가장 내게 잘 맞을까?'

'무슨 일을 해야 설렐 수 있을까?'

'앞으로 어떤 업종의 일을 해야 할까?'

이제야 겨우 즐겁고 배움을 나눌 수 있는 일을 찾았다. 이 일로 사람도 매출도 함께 하며, 조인트 사고로 확장해 갈수록 회사가 커짐을 느낀다. 정말 제대로 바르게 시작 중이다. 조인트 사고를 믿는 단 한 명이라도 있다면, 사업에 적용하고 확장해보길 진심으로 추천한다.

08

# 온라인도 사람이 전부다

지금으로부터 3년 전, 겉으로만 잘 다니던 대기업을 퇴사했을 때 모두가 나를 걱정했다. 그때까지 직장에서 주는 안정적인 월급만 받았을 뿐, 가진 기술도 잘하는 것도 없었으니, 걱정만 한가득하였다. 그러나 더는 회사에서 버틸 수 없었기에 무작정 퇴사했다.

이때 준비 없이 시작한 식당 창업은 설상가상으로 코로나까지 겹쳐 창업 실패의 길로 가게 되었다. 다시 시작하기 힘든 시기였지만, 또다시 살기 위해 창업을 했다. 이번에는 온라인으로 시작했다. 이미 온라인은 포화상태였기에 '누가 1인 기업 교육 강의를 듣겠느냐?' 등 걱정 가득

한 분들밖에 없었다.

그렇지만 난 이번만큼은 포기할 수 없었고, 일단 시작했다. 2019년부터 시작한 이 업은 역시나 해본 사람만이, 이 업에서 성공해 본 사람만이 아는 '전략의 길'이 있었다. 설령 실패하더라도 재고가 들지 않는 무자본 창업이라 잃을 게 없었다.

내가 진행해온 방식이 옳다는 100% 확신으로 2023년 5월 시작한 오픈채팅방 교육 사업은 오픈 3개월부터 매출 3천만 원을 돌파하기 시작했다(강의 업이기에 순수익임). 이런 실적이 결과를 말해주듯, 2019년부터의 경험이 단단하게 받쳐주고 있기에 상품의 고민과 강의 퀄리티만 신경 쓰면 된다.

어느덧 여러 업체와 비즈니스를 진행하고 있으며, 앞으로 다른 업체와 함께하기 위한 준비로 제안서를 주고받는 과정에 있다. 그런데 모든 비즈니스 과정은 사람과 함께 한다. 새로운 업체, 또는 기존에 알던 분과 함께 관리, 기획을 맡아 진행하는데 역시 사람과 함께 하고 있다. 이것은 비단 온라인 비즈니스에만 해당하지 않는다. 오프라인 비즈니스도, 부동산 영역에서도 똑같이 작용한다.

나는 서울에서 실거주를 위해 부동산 100군데를 임장하며 부동산 영역을 깨쳐나갔다. 그때마다 부동산에 들러 부동산 소장님을 통해 좋은 매물과 좋은 매수, 매도를 할 수 있었다. 이것 또한 부동산을 연결해준 사람이 가장 중요한 역할을 해주었다.

3년째 경매를 하는 사람으로서 경매 낙찰을 받고, 낙찰 후 인도 명령, 등 임차인, 실거주자분과 협상하는 과정도, 낙찰 후 공실 뒤 매도하는 과정도 부동산 소장님을 통해 거래한다. 이 역시도 사람이 존재한다.

영역과 분야를 막론하여 세상 살아가는 곳에는 사람이 함께한다. 이 사람들과 어떤 관계를 이어 가느냐에 따라 나의 사업에도 큰 영향을 끼친다. 만약 내가 여전히 첫 번째 창업 실패라는 두려움에 빠져 있고, 온라인 사업은 한 번도 해보지 못했다는 이유로 시작하지 않았다면, 여전히 나는 제자리였을 것이다.

앞으로도 나는 내 마음을 다해 사람들과 부대끼고, 그들과 함께 성장할 것이다. 나와 그들이 성공하는 모습을 가감 없이 많은 사람들과 공유하며 나누고 싶다.

# 에필로그

모든 사람은 '오늘보다 나은 내일'을 꿈꾼다. 더 나은 미래를 위해서는 지금 당장 내일의 변화를 위한 행동을 해야 한다. 단 한 번의 실행으로 여러분의 삶이 바뀔 수 있다. 지금 시대는 평범한 사람도 부자가 되는 방법을 익히면 누구나 돈을 벌고 성공할 수 있다.

누군가가 "나는 무자본으로 돈을 벌었다. 내가 원하는 삶의 방식에서 시간과 장소 구애 없이, 아침 지옥철과 미어터지는 버스를 타고 출근 안 해도 집에서 돈번다"라고 말할 때, 아무것도 해내지 못하고 부러워만 하는 사람들도 있다. 이런 사람들을 위해 스스로 해내는 방법을 이 책에 담았다. 현실적으로 가장 빠르게 돈도 필요 없이, 설령 실패해도 잃을 게 없는 방법이다.

내게도 힘든 시기가 있었다. 매일 '나는 왜 안 될까?' 걱정하고, '이렇게만 하라는 데 진짜 될까? 나도 할 수 있을까?'라고 고민하며 자괴감에 빠지기도 했다. 하지만 힘들어할 새도 없었다. 오전에는 아이들을 등교시킨 후에 일을 바로 시작해야 했고, 아이들이 집에 돌아오면 하던 일을 멈추고 육아와 집안일을 빠르게 해야 했다.

고민과 걱정은 일을 더디게 만드는 내게 사치였다. 이제 나는 두 아이를 내 손으로 직접 돌보면서도 월 1천만원을 번다. 이 책은 그 노하우를 집필한 것이다. 이 책에 담긴 방법을 하나씩 단계별로 실행해보길 권하며, 앞으로 해낼 여러분의 과정과 결과를 진심으로 응원한다.

이 책의 출간은 고객 한 명의 만족감이 촉발되어 삶이 변하는 과정을 보면서부터 시작되었다. 이를 블로그로 기록했고, 이로 인해 오픈채팅방도 꾸준하게 운영할 수 있었다. 처음 시작은 한 명이었으나 지금은 4,500명의 커뮤니티가 생성되었다. 그 모든 과정은 나를 설레게 했고, 내 삶을 움직이게 한 원동력이 되었다.

단 한 명의 고객으로부터 시작해 삶이 통째로 바뀐 지금의 나처럼 여러분도 꼭 수익화를 이루기를 바란다. 이 책에 나온 노하우를 통해서 매일 열정적이고, 의미가 있는 삶을 만들어가길 진심으로 기도한다.

끝으로 이 책을 읽어준 여러분에게 모든 영광과 감사의 마음을 전한다.

**박소정, 박서인**

## 부와 성공으로 이끄는 한마디

$

부와 성공을 이뤄내고 싶다면
남들과 다른 사고방식과 실행이 필요하다.
항상 새로운 도전을 받아들이고,
설령 실패를 겪더라도 좌절하지 말며,
도전과 실패 속에서 배움의 자세를 갖춰라.
나만의 지식과 경험을 쌓는 것은
빠르게 발전하고 있는 이 세상에서
지속적인 성공을 위한 필수 조건이다.

_박소정 작가

# 나는 이 커뮤니티로
# 연봉 1억이 되었다

초판 1쇄 인쇄 2024년 01월 10일
초판 1쇄 발행 2024년 01월 19일

지은이 박소정, 박서인

펴낸이 떠오름
기획 손힘찬
편집 권희중
디자인 당아
마케팅 고경표, 이유안
영업관리 떠오름

펴낸곳 ㈜떠오름코퍼레이션
출판등록 제2021-000002호(2020년 4월 28일)
주소 서울특별시 성동구 왕십리로 4길 23-1, 3층 301, 302호
전화 070-4036-4586 팩스 02-6305-4923
홈페이지 www.risebooks.co.kr
이메일 tteoreum9@nate.com

값 17,600원

ISBN 979-11-92372-57-0 (03190)